Kawabata Motoo

川端基夫

改訂版

立地ウォーズ

企業・地域の成長戦略と「場所のチカラ」

新評論

はじめに——改訂版によせて

二〇一一年に起きた東日本大震災やタイでの大洪水、あるいは二〇一二年に発生した中国での反日暴動は、企業に改めて、事業所をどこに立地させるのかという問題の重要性を認識させることとなった。これまでは目先の生産コストの削減にばかり目を奪われていた製造業が、長期的なリスク回避を重視した立地を模索し始めたことは、立地問題がようやく経営戦略上の基本課題として意識され始めたことの表れといえる。

また、深刻化する少子高齢化や人口の都心回帰、あるいは行きすぎた郊外出店は、小売業に店舗立地の見直しを迫っている。駅構内での商業開発や都心部でのミニスーパーの増加といった現象は、新しい商業立地の歴史の始まりを示すものである。

一方で、そのような企業の立地行動が、地域の側に多大な影響を与えていることも忘れてはならない。工場の移転や大型店の閉店が、地域の財政や雇用、そして地域生活に与える影響の大きさは今さらいうまでもなかろう。それゆえ、企業立地の問題は古くから行政の課題であったわけだが、近年では、とくに小売立地がまちづくりに直結した問題として受け止められるようになっている。

このように立地をめぐる問題はきわめて重要な課題となっているのであるが、これまで企業立地の問題は、経営学においても商業学においても、そして地域政策やまちづくりの領域においても十分には論じられてこなかった。それらの領域の入門書を見ても、立地問題や立地戦略はほとんど取り上げられていないのが実情である。

企業経営にとっては、技術や商品の開発、人事や組織のマネジメント、イノベーション、マーケティング、そして経営者のリーダーシップといったことがもっぱら重視されてきた。それは、立地で売り上げが大きく左右される小売業においても同様であり、「儲かる場所」を探し出すための出店ノウハウ本は多数出されてきたものの、経営戦略的な視点（マクロな視点）から立地問題どうとらえるべきなのか、という問いに答えてくれるものは皆無といっても過言ではない。

また、地域政策においても、企業立地（企業誘致）は、単に税収と雇用の増加をめざす方策という視点からしかとらえられてこなかった。それゆえ、短期間で大きく立地を移動させつつある近年の企業行動をふまえて、企業誘致を地域の成長戦略の中にどう位置づけていくべきなのか、という問いに資するものもほとんど存在しないのである。

このような課題に応えるには、まずは「企業」にとっての「場所」の意味（価値）を考える必要があろう。要するに、企業は「場所」に何を求めているのか（求めるべきなのか）ということである。それが理解できてはじめて、立地問題を戦略的にとらえることが可能となる。

以上のことをふまえ、本書は「企業や地域の成長戦略」にとっての「場所」の意味を明らかにし、成長のための真の立地戦略（政策）をどのように考えるべきかという課題に向けての鍵を、多くの具体的なケースを挙げながら分かりやすく提示しようと試みた。

本書の特徴は三つある。一つは、立地問題を目先の利益ではなく、長期的な成長戦略の視角から捉え直していることである。二つ目は、「場所」が企業の成長力や競争優位性に与える影響力を「場所のチカラ」としてとらえ、多様な立地現象を分かりやすく整理したことである。そして三つ目は、これまで別々に論じられてきた工業と商業の立地問題を、企業や地域の戦略の視点から統合的に論じていることである。

本書の初版は、当初の期待以上に、さまざまな分野で活躍されている方々の目に留まることとなった。そこで、読者の方々から寄せられた感想や指摘をふまえ、最新事例の追加やデータの更新を行って、新しい時代への対応を図るためにこの改訂版を刊行することにした。

本書によって、場所が有する意味の深さや立地戦略の意義の大きさを認識していただくことはもちろんであるが、何より「立地戦略が生み出した風景」を読み解いていく楽しさを味わっていただくことができたならば、筆者としてこれ以上の幸せはない。

もくじ

第1章 企業の成長を支える場所のチカラ　41

第4章　ネットワークの視点から立地を考える　129

第5章 集積の視点から工業の立地を考える

改訂版・立地ウォーズ——企業・地域の成長戦略と「場所のチカラ」

序章

街の風景が語る
場所の価値

風景の背後の世界へ

製造業であれ、小売業であれ、飲食業であれ、その経営を考える場合、場所の問題は避けて通れない重要な課題である。製造業の場合なら、工場を国内に建設するのか国外に建設するのか、国内なら首都圏なのか九州なのか、国外なら中国なのかタイなのか、それともインドなのかといった場所の選択は、その企業の今後の成長そのものを左右する大問題となる。それは、「立地産業」と呼ばれる小売業や飲食業の場合ならばなおさらである。

店舗やレストランの出店場所は、それこそ通りが一本異なったりわずか一〇メートルずれたりするだけで、あるいは一階か二階かというだけで売り上げに大きな差が出る。その意味では、我々が目にする街の風景は、多くの人々や企業がそれぞれの視点から「もっとも価値のある場所を求めた結果」として存在するものといえよう。

では、どのような場所が「価値」ある場所なのかと考えると、これがなかなか難しい。製造業の場合なら、同じ自動車関連の工場でも、組み立てを行う工場なのか、エンジンなどの部品を作る工場なのかによってその場所の「価値」は大きく異なる。また、他の工場や研究所との位置関係、取引先との位置関係、市場との地理的関係、輸出港・空港あるいは高速道路などとの位置関係によっても場所の「価値」は違ってくる。この場所の「価値」は時代や時期によっても異なり、当初「価値」が高かった場所も、時の流れとともにその価値を失うというケースも多い。

さらに、その企業がどのような方向に成長しようとしているのかという経営戦略（成長戦略）の転換によっても、同じ場所の「価値」は大きく変化する。すなわち、途上国市場の開拓に会社の将来をかけようとするのか、生産の合理化をいっそう進めてコスト競争に打ち勝つことで生き残りを図ろうとするのかといった戦略的な方向性によって、場所がもつ意味や価値は変わっていくのである。

一方、小売業や飲食業でも、何を売る店舗なのか、どんな料理を出す店なのか、どのような顧客（若い女性なのか中高年の富裕層なのか）を吸引しようとしている店舗なのかによって「最適」な場所は大きく変わってくる。たとえば、人通りが多い場所がよいともかぎらないし、道路に面した一階がよいともかぎらない。目立たない裏路地に立地することで、「自分だけが知っているとっておきの店」という思いを客に抱かせて固定客を増やす場合もあろうし、薄暗い地下が店の雰囲気づくりに一役買って客を呼ぶ場合もあろう。加えて、周辺に競合店がない場所が有利だともかぎらない。オタクとアニメの街で有名な秋葉原のように、多数の同業者が一か所に集まる（集積する）ことで世界中からマニアックな顧客を集めて売り上げを伸ばす例も見られるからである。

街を歩くと、さまざまな工場や倉庫、あるいはオフィスや店舗が目に入るが、それらが果たしてどのような「理由」や「意図」でそこに在るのか、その場所の何がその企業を惹きつけ、何がその企業の成長を支えているのかといったことに思いを馳せてみよう。すると、見慣れた風景の背後に「新しい世界」が広がっていることに気がつくであろう。本書は、そのような風景の背後の世界へ誘《いざな》うことを目的として著したものである。

この風景の背後にある世界の面白さを知ってもらうために、まずは三つのエピソードを紹介してみたい。

エピソード 1　場所の「空気」が企業を惹きつける

「まあ、理屈をつければいろいろ言えるでしょう。クライアント企業へのアクセスがよいとか、表通りから少し離れただけで家賃が割安になるとか、夜遅くまで仕事をしてもたくさんお店が開いていて便利だとか……。でも、どれも違う気がします。要するに、このシブヤの街がもっている『空気』がいいのです」（ゲームソフトの開発会社社長）

一九九〇年代の後半から、日本の若者の街を代表する東京の渋谷周辺に、ＩＴ系とくにインターネットビジネス系のオフィスが多数見られるようになった(1)。その多くは、いわゆる零細なベンチャー系企業やＩＴ系技術者の個人企業である。

ワンルームマンションの一室にパソコンとコピー機が置かれただけの「オフィス」も少なくない。そこでは大手ソフトメーカーやシステム開発会社などの下請け企業も多く見られるが、それとは別に独自にゲーム開発やシステム開発に取り組む若者も多い。いわゆる、一匹狼のプログラマーやＷＥＢデザイナーである。

世界のＩＴ系企業の研究機関が集まるアメリカのシリコンバレーは有名であるが、渋谷はそれにならって一九九〇年代末から「ビット・バレー(2)」と呼ばれた。その後、ビット・バレーはＩＴバブルの崩壊やＩＴベンチャーブームの衰退とともに崩壊していった（一四四〜一四五ページの**コラム7**参照）。しかし、現在でも、シブヤ周辺にはＩＴ系の小零細企業や開

（1）もともと渋谷・港区周辺にはクリエイティブ系の人々が集まっていたが、それがのちにコンピュータ技術と結びついたという経緯もある。その意味では、現在のＩＴ系企業の集積は、渋谷という街の歴史的な経緯を引き継いでいる。

（2）渋谷の地名にちなんで、「渋」を「bitter」に、「谷」を「valley」に置き換えて「ビット・バレー（Bit Valley）」と命名された。もともとはベンチャー企業が集まるコミュニティーの名称であったが、一九九〇年代末頃から渋谷の街自体がそう呼ばれるようになった。

発系の技術者が多数集まっている。そして、二〇〇〇年代前半のＩＴベンチャーブームの頃よりも、地に足の付いた地味な企業が多くなっているともいわれる。

「オフィスは小さくて狭いのですが、一歩外に出れば、そこは若者の街シブヤ。行き交う若者のファッションを見ているだけで、新しいアイデアや発想のヒントがもらえます。日本の最先端を行く場所で仕事をしているってこと自体が重要なのです。こういう仕事って、よく煮詰まるじゃないですか。ときどき、外の『空気』を吸いに出るとパワーがもらえるんですね」（渋谷のＷＥＢデザイナー）

「縛られたくない自由人指向のＩＴ系技術者には、この街の『空気』が合っているの

IT 系企業の集積が見られる渋谷の街並み

です。お気に入りの店も多くありますし、同業の仲間が自然と集まる雰囲気のよいバーにも事欠きません。そういう店で、同業の仲間とたわいのないおしゃべりをすることが結構仕事をするうえで大事なんですよ」（渋谷のシステムエンジニア）

ＩＴ系の企業は、インターネット環境さえ整っていれば場所を選ばず仕事ができるため、コストの高い大都市を離れて、コストが安く自然環境にも恵まれた地方に分散立地するだろうということが一九九〇年代から繰り返し指摘されてきた。確かに、ごく一部の企業や技術者は地方に分散したが、全体的に見ると事態はまったく逆の方向に進み、大都市のしかも都心エリアに集中立地する結果となっている。

これは、東京だけでなく大阪や札幌、福岡でも見られる現象である。しかも、シブヤと同様に大阪ならアメリカ村周辺や天満周辺といった都心部の、とくに若者に人気のあるエリア（盛り場の周辺など）にＩＴ系の技術者の住居兼スモールオフィスが集中する傾向が見られるのである。

それはなぜか。

ＩＴ系の技術者は、いわば現代的な職人である。人によって技術的な得意分野や習熟レベルが異なるだけに、仲間同士の交流や情報交換が重要となる。新しい仕事を紹介しあったり、人材探しを手伝ったり、また業務そのものを手伝いあうこともある。[3] それに、会話のなかから事業のアイデアが生まれたり、それぞれの得意技術をもち寄って新しい会社が立ち上がることだってある。

シブヤに惹かれてくるＩＴ系の企業や技術者は、シブヤのもつ「空気」に価値を見いだしている。この「空気」とは、いわば「その場所が有する暗黙知」（第５章６節参照）と呼ぶこともできる。つまり、その場所に身を置くことで感じとれる、言葉では表現できない独特の感覚である。それが、新しいメディア・コンテンツの作成や画期的なシステムの発想といった、いわゆる「知識創造」や「イノベーション」（技術革新）を誘発していることが重要なのである。もちろん、シブヤの空気とイノベーションとの関係は明確には説明できないが、多少なりともそのようなことを期待して企業が集まってきていることは、確かなのである。

エピソード２　場所の「安全性」が企業を惹きつける

「人が居心地のいい楽園を求めるように、データだってトラブルのない快適な環境を望んでいます。いえ、重要なデータであればあるほど、安全で安楽な場所に保管することが大事なのです」（ファースト・ライディング・テクノロジー株式会社ＨＰより）[4]

これは、データの保守管理サービス業を営む企業のホームページに記された一文である。近年の企業は、企業内に膨大な機密データを保有するようになった。たとえば、製造業なら多数の研究実験データや設計図類を有するし、大手の小売業なら何百万人分もの顧客データを保有する。もっと一般的な取引記録や契約書関係、会議録などの文書類は、どこの会社でもコンピュータ内（サーバー）に大量に蓄積されてきているであろう。

しかし、もしデータ（サーバー）が置かれている場所（多くは東京にある本社）が地震などの災害に見舞われたらどうなるのか。もし、何かのトラブルでデータが消えてしまった場合はどうか。言うまでもなく、企業の存続自体が危うくなることもありえる。

そこで近年では、社内の重要データのバックアップを、本社から地理的に遠く離れた場所で安全に保管するサービスが拡大してきた。多くの場合、サービス会社は、地盤がしっかり

（3）　富士通総研が二〇〇一年に渋谷区と港区にあるIT系企業に行ったアンケート調査によると、「もっとも効果的な人材採用方法」として「知人・同業者の紹介」を挙げた企業は四四・五パーセントもあり、また「最も有効なアウトソース先選択方法」として「知人・同業者の紹介」を挙げた企業は八四・四パーセントにも達していた。同じ質問を他の区にあるIT系企業に行った場合も、それぞれ三六・六パーセント、七六・一パーセントと高率であった。このことは、IT系企業ではコミュニティの内部で人材探しや仕事の受注が行われていることを暗示している。（湯川抗［二〇〇二］一五〇～一五一ページ）

（4）　この企業は沖縄電力の子会社で、データセンター専用の建物を浦添市に有している。

していて地震の影響を回避できる場所を選び、そこに免震構造をもつ堅牢な建物を建てて、そのなかにサーバーを設置している。そのような機能を果たす施設は、「データセンター」「バックアップセンター」と呼ばれている。

実は、冒頭で紹介したホームページを有する企業は、沖縄県の浦添市に立地するデータセンター業者である。[5] 沖縄県には、近年このようなデータセンターが立地しつつある。沖縄が選ばれる理由は、まずは単純に地震の被害が少ないことや、東京から遠く離れていて東京と同時に災害やテロの被害を受ける可能性が小さいことがあるが、そのほかに、中国や東南アジアとの中継点に位置するということもある。つまり、沖

沖縄のデータセンター（写真提供：ファースト・ライディング・テクノロジー株式会社）

縄は現在、韓国、台湾、上海、香港と国際海底ケーブルで直結されており、とくに台湾、香港とは高品質の回線でデータ送信が可能となっている。よって、万が一東京の本社機能がダウンしたときにも、沖縄にデータを置いておけば迅速に東アジアの海外事業を継続・再開させることができるのである。その意味において、沖縄は国際化した日本企業のリスク回避地点として大きな優位性（価値）をもっているといえる。

このデータ管理問題は政府にとっても重要な課題となっており、二〇〇七年三月には、経済産業省が中央官庁で初めてバックアップセンターを沖縄県の浦添市に設置した。さらに、首相官邸、内閣官房、内閣府も災害時のバックアップセンターを沖縄県に設置している。一方、沖縄県側も、沖縄を一大データセンター基地にすべく誘致に力を入れている。場所が有する新たな「価値」が、新しいビジネスと市場を創出しつつあるといえよう。

ところで、データセンターは東京から離れた場所のほうがよいのかというと、そう単純ではない。実際、二〇一一年に企業がバックアップデータをどの地域にあるデータセンターに託したのかを調べた数値（予測値）を見ると、七二・三パーセント（四五八二億円）が首都

（5）　これまでは神奈川県や埼玉県など首都圏周辺にデータセンターが設置されてきたが、近年はリスク回避の点でより効果が高い沖縄や北海道などの遠隔地も注目されるようになっている。

圏に集中し、都内二三区だけでも三四・五パーセントを占めたとされ、その傾向は東日本大震災以降も変わらないとされる（ＩＴ専門調査会社「IDC JAPAN」調べ）。

これは、早くから首都圏に大規模なデータセンターの立地が集中してきた結果だという見方もできるが、近年の首都圏では、耐震性の高い新規のデータセンター建設も活発になっている。この背景には、耐震技術の高まりやデータの保守人材が確保しやすいという状況もあるが、非常時にバックアップデータを迅速に取り出して事業を再開させるためには、現在の拠点（本社など）になるべく近いほうが有利であるという顧客企業の判断が働いているともされる。このように、各企業はかなり戦略的に安全な場所を模索していることもうかがえ、それがデータセンターの立地にも影響している実態がみてとれる。

エピソード３　場所の「ブランド性」が企業を惹きつける

「京都という地名は東京では絶大なのです。京都にも店があるという事実が大切で、それが東京での商売を大きく動かします。極端にいえば、京都の店は赤字でもよい。京都店はステイタスそのものなのです」（東京資本のフレンチ・レストランのオーナー）

「うちの店はね、創業からずっと大阪で商売をやっていたのです。しかし、五年前に京都に移転して大阪の店は閉めました。観光客も立ち寄りやすい場所にありますので、今では京都の人気店の一つになってしまいました」（和風カフェ店主）

一九九〇年代の終わり頃から、京都では伝統的な京町家を改装した飲食店が急増してきている。いわゆる「京町家ブーム」である。町家とは、明治から戦前期の昭和にかけて建てられた庶民的な和風住宅のことである。文化財的な価値をもたないことからこれまでは老朽化にともなってどんどん取り壊されてきたが、近年はそれを現代風に改築して古風な趣を生かした店舗として再利用する人々が急増してきている。そのなかには、東京をはじめとする京都以外の資本も少なくない。欧米のファッション・ブランド店も、京町家を改装した店舗を出しているほどである。

町家ブームは、西日本を中心に広く見られる現象である。しかし、京都の町家となると話は別となり、それには特別な「価値」が付与される。いわば、京都という場所の「ブランド性」(6)に支えられた町家なのであり、それが広域から資本を惹きつけている。

また、京都という都市が有するブランド性とは別に、たとえば「祇園」のようにさらに特別な（個性的な）「価値」をもたらす場所《エリア》も京都には存在する。伝統的なしきたりが残る花街・祇園にも、近年では東京をはじめとする多くの外部資本の飲食店が参入してきている。

単なる京都ではない、特別な街である「祇園」という場所がもつ特別なブランド性が、新規参入の飲食店の成長力や競争力に大きなチカラを与えているのである(7)。

こういった狭いエリア（場所）が有するブランド性が、ある種の企業に特別なチカラを与える現象は東京でも昔から見られるものである。銀座、青山、六本木、西麻布、広尾などにおける場所のブランド性は、それぞれが異なった個性的なものであり、それがゆえに異なる種類のチカラを企業（店舗）競争力に付与している。したがって、企業の側からすれば、どこのブランド性の力を借りるのかが問題となる。これが、立地を選定するということの意味となる。

たとえば、近年、銀座にファストファッ

明治期の京町家を改造した英国ブランド店（京都市中京区）

ションが次々と立地してきた現象も、銀座という場所のブランド性と関係が深い。二〇〇三年のスペインのZARAを皮切りに、二〇〇五年にはユニクロ（二〇一二年移転増床）、二〇〇八年にはスウェーデンのH&M、ZARA二号店、二〇〇九年にはアメリカのアバクロ、二〇一〇年にはフォーエバー21、そして二〇一一年にはGAPが出店し、高級ブランド店と軒を並べることとなった。

言うまでもなく、ファストファッション店は低価格衣料品の販売店であり、銀座とは真逆の位置にある。そのような企業が、あえて高級な銀座に店を構えて場所のブランド性を利用

（6）ここでいう場所のブランド性とは、その場所が有する単純なイメージや所得水準などを反映した潜在的な市場性などとは異質なものである。単なる場所の収益性の問題ではなく、その企業の将来の成長性や競争力に影響を及ぼす要素である。また、場所のブランド性はどの企業にとっても同じではない。この点で、地価のような標準化された指標では表しきれない面がある。場所のブランド性は、その企業自身の特性や経営戦略との関係で決まるのである。

（7）もちろん、地域の側から見ると、新たな居住者・利用者との軋轢も生まれている。近所付き合いをしない、町内会に非協力的、遅くまで騒がしくなるといった問題が生じているケースも見られるため、必ずしも歓迎されない面もある。また、飲食店系ばかりが目立つ町家の再利用法にも問題は残る。とはいえ、取り壊されてビルに変わる一方であった町家が新たな利用者を迎えることで動態的に保存され、結果的に京都の風情（という価値）が曲がりなりにも残されるのであれば、それは一つの選択肢といえよう。

することで安物イメージを脱皮しようとしているのである。もちろん、銀座店でも商品の価格は安いため、家賃の高さを考えれば採算的には厳しいであろうが、目先の利益よりも企業ブランド性の向上や銀座での情報収集（商品に対する顧客反応）による競争優位性の獲得をめざした立地といえる。

場所の「価値」と立地論

この三つのエピソードは、企業にとっての場所の「価値」の多様性を教えてくれる。場所の「空気」、場所の「安全性」、場所の「ブランド性」などといった経済的指標（たとえば地価など）あるいは経営的指標（コストや販売額など）では評価しにくいファクターが企業の立地を動かしているのである。その理由は、それらが企業の成長力や競争力そのものに大きな影響を与えているにほかならないからである。

そもそも、経済活動と場所や空間との関係は、経済学と地理学の境界にある「経済地理学」という領域で研究されてきた。その理論的ベースとなる「立地論」は、後述のごとく経済活動と空間との関係を理論的に解明する領域である。しかし、立地論で問題とされてきたのは、伝統的に「費用（コスト）」と「収入」という二つのファクター（因子）であった。すなわち、企業の立地を決定づける多様な要因を「費用」と「収入」の二つの変数に還元（収斂）させてシンプルに表すことで理論化・モデル化（数式化）を図ってきたのである。そして、距離の変化と費用や収入（売り上げ）の増減（利益の増減）との関係をベースに、均衡論的に最適な立地点（最大利潤をもたらす場所）を議論してきた。

したがって、そこには先の三つのエピソードで述べたようなファクターは直接的に理論に取り込まれることはなかった。もちろん、「空気」や「安全性」あるいは「ブランド性」を強引に費用《コスト》や収入と見なすことも不可能ではないであろうが、将来的な企業成長を狙ったファクターは一般の費用や収入とは異質なものである。よって、むしろそれらは、「費用」や「収入」因子には還元しにくい第三の因子群、いわば場所が与える「付加価値」と一括して扱うほうが適切であろう。

すなわち、企業は「費用の節減」と「収入の増大」がもたらす収益性をにらみつつも、将来の競争力やリスク回避力、イノベーション力などを生み出す「付加価値」の高い場所をめざして「移動」しているといえる。つまり、費用が割高であっても、現時点では収入の増大が望めなくても、将来大きな競争力を獲得することができそうな場所、持続的な成長を可能にしてくれそうな場所であれば、そこをめざして移動するのである。これが、現実の企業立地行動なのである。

マイケル・ポーターと場所のチカラ

このような、場所が有する付加価値が企業の競争力や成長力に大きな影響を与えることを正面切って最初に論じた学者が、ハーバード大学経営大学院教授のマイケル・ポーター（Michael. E. Porter, 1947〜）であった。

ポーターは、一九八〇年代に世界一〇か国において突出した世界的競争力をもった産業・企業を選んで調査し、その競争優位性の源泉に迫った。その結果、これまでは企業の内部（たとえば、組織のあり方や経営者＝リーダーの資質・才能）にカギがあるとされてきた国際的な競争力やイノベーション力が、現実にはその企業が立地する「場所（国）」の経営環境から獲得されていることを明らかにしたのである。(8)

ポーターの研究は、これまで場所や立地の問題をほとんど考慮してこなかった経営学者たちに大きな影響を与えただけでなく、経済地理学者たちにも大きな刺激を与えた。というのも、ポーターの学説は古典的立地論で重視されてきた費用因子や収入因子では説明ができないファクターが、企業の立地を左右している可能性を示したからである。また、ポーターは地域の側の政策的な戦略が企業の競争力に与える影響も重視しており、そのことも立地政策や地域産業政策を研究してきた経済地理学者たちや行政関係者の関心を引いた（三二～三三ページの**コラム1**参照）。

ポーターは、世界の特定の場所に特定の産業分野（業種）の企業が集積（集中立地）する理由についても競争優位性の獲得の視点から説明した。伝統的な立地論においても、企業集積の要因については、一九世紀のマーシャル（**Alfred Marshall**,1842～1924）の研究や二〇世紀初頭のウェーバー（**Alfred Weber**,1868～1958）の工業立地論以来さまざまな議論が行われてきた（第5章参照）。しかし、古典的な立地論では、「競争優位性の獲得」、「イノベーションの獲得」といった経営戦略的な観点から集積の要因が説明されたことはなかった。

言うまでもなく、ポーターが明らかにした競争優位性をもたらすファクターは、本書でいう「場所が有する付加価値」という因子の一つである。とはいえ、企業立地は、すべて付加価値がもたらす効用のみを追い求めて行われているわけではない。伝統的な立地論が問題としてきた費用因子や収入因子も、当然のことながら大きな役割を果たしている。したがって、本書ではそれら三つの因子をまとめて「場所が企業に与えるチカラ＝場所のチカラ」と呼びたい。

（8）この成果は、**M.E.Porter**(1990),**The Competitive Advantage of Nations,Macmilan**（土岐坤ほか訳『国の競争優位』ダイヤモンド社、一九九二年、上・下巻）にまとめられている。

まずポーターは、ある特定の国を本拠とする企業が、なぜ一貫したイノベーションを誘発する能力をもっているのか、なぜより高度な競争優位を求めてたゆまぬ改善を続けるのか、なぜ改革を阻む障壁を克服できるのか、と問う。そして、その「答えは国の属性にある」のだとする。つまり、その企業が本拠とする（拠点が立地する）国の経営環境特性が、企業の競争力に大きな影響を及ぼしているというのである。

ポーターは、その国ごとの属性（経営環境特性）は四つのファクターによって規定されるとし、それらの関係を野球のダイヤモンドになぞらえて左図にように表した。この四つのファクターとは以下の通りである。

要素条件：熟練労働力や天然資源の存在、インフラストラクチャーの整備度など、その国が有する生産要素に関する環境条件。

需要条件：その産業の製品やサービスを消費する国内市場（消費者）の需要特性。

関連産業・支援産業：国際的な競争力をもつ供給産業（素材・部品メーカー）やその他の各種関連産業が国内に存在するかどうかという環境条件。

企業戦略・構造・競合関係：企業の設立・組織・経営に影響する環境条件や、国内での競合関係を左右する環境条件（国内の政策や法的規制など）。

これらが相互に関連して、競争優位を実現するのに必要な資源やスキルの入手可能性、チャンスに関する情報や自社の資源やスキルの活用に関する情報といったものの入手可能性、あるいは（これが最も重要とされるが）企業に投資やイノベーションの意欲を与える圧力などの国内環境を決定するとしている。

詳細については、M.E.Porter（1990）, The Competitive Advantage of Nations, Macmilan（土岐坤ほか訳『国の競争優位』ダイヤモンド社、1992年）を参照されたい。

コラム

1　ポーターのダイヤモンド・モデル

長い間、企業経営にとっての立地問題といえば、いかに儲かる場所を探すのかということでしかなかった。しかし、ポーターは場所による「収益の違い」を問題とするのではなく、場所による企業の「競争力の違い」に注目した。グローバルな競争優位性という複雑な研究対象が、そしてその獲得という企業にとって極めて今日的で重要なテーマが場所との関係で論じられたことに、多くの研究者が強い学問的関心を示したのである。

ポーターが解明した場所と企業競争力との関係は、「ダイヤモンド・モデル」と呼ばれる図式に集約されている（M.E.Porter, 1990）。以下、ごく簡単に説明してみよう。

ダイヤモンド・モデル

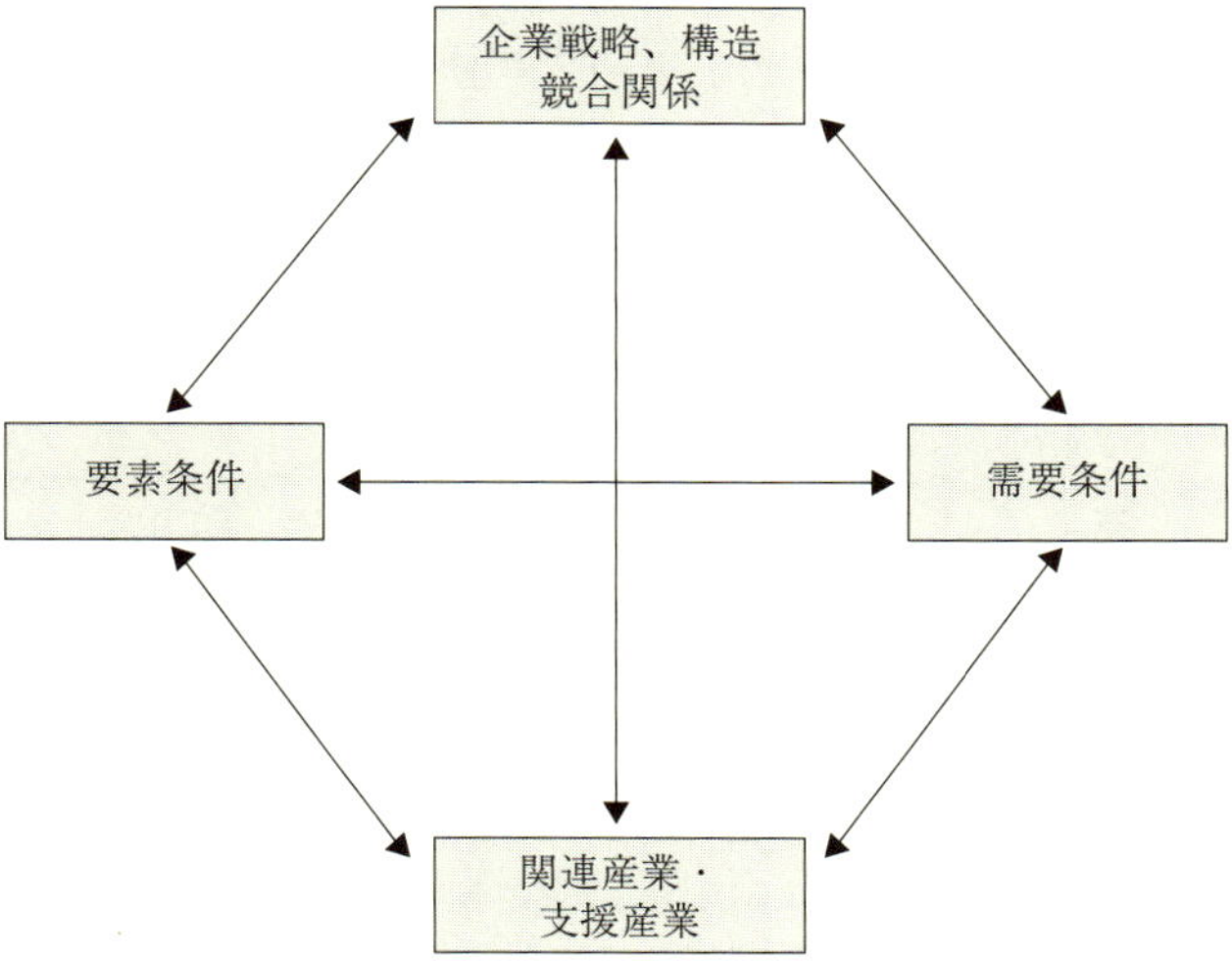

出所）マイケル・E・ポーター（竹内弘高訳）『競争戦略論Ⅱ』ダイヤモンド社、1999年、13頁。

場所のチカラと立地戦略

場所はどこも、大なり小なり企業に対して三つの効果を与えるチカラを保有している。それらを簡単に説明するなら以下のようになろう。

❶費用節減のチカラ——その場所に立地する企業に対して、生産費用や流通費用の削減をもたらすチカラである。一九八〇年代後半から始まるアジアをはじめとする途上国への製造業の立地移動は、多くが人件費や工場建設費などの費用節減を狙ったものであった。

❷収入増大のチカラ——その場所に立地する企業に対して、収入増大をもたらすチカラである。これは小売業が立地する場合にとくに重視されるものである。しかし、近年の新興市場の拡大とともに、製造業の海外進出の際にも重視されるようになっている。中国への進出目的が費用削減から市場獲得へと変化してきていることも、その例である。

❸付加価値増大のチカラ——その場所に立地する企業に対して、イノベーション力、リスク回避力、ブランド性などを与えるチカラである。このチカラが、その企業の競争優位性を支えることも少なくない。

図序—1のごとく、企業は基本的にこの三つのチカラのバランスのなかで「成長力」を獲得している。それゆえ、場所を選ぶにあたっては、この三つのチカラのバランスを考えて、どのようなバランスが自社に成長力をもたらすのかが検討されねばならない。それこそが「立地戦略」なのである。その意味では、「立地戦略」は企業の「成長戦略」のなかに位置づけられることになる。そして、そのような「成長力をもたらす場所」こそが、その企業にとっての「価値」ある場所となるのである。

ただし、同じ場所であっても三つのチカラのバランスがもつ意味（成長力への影響）は、立地主体の特性や立地主体が抱える戦略的な課題によって異なる。したがって、**図序—1**でのどのようなポジショニングがその企業に成長力をもたらすのかを考えることが重要となろう。繰り返すが、「立地戦略」とは単に儲かる場所を探すことではなく、成長力の獲得のために目指すべき場所のチカラのバランス＝ポジショニングを考えることなのである。

図序－１　場所が有する三つのチカラの関係

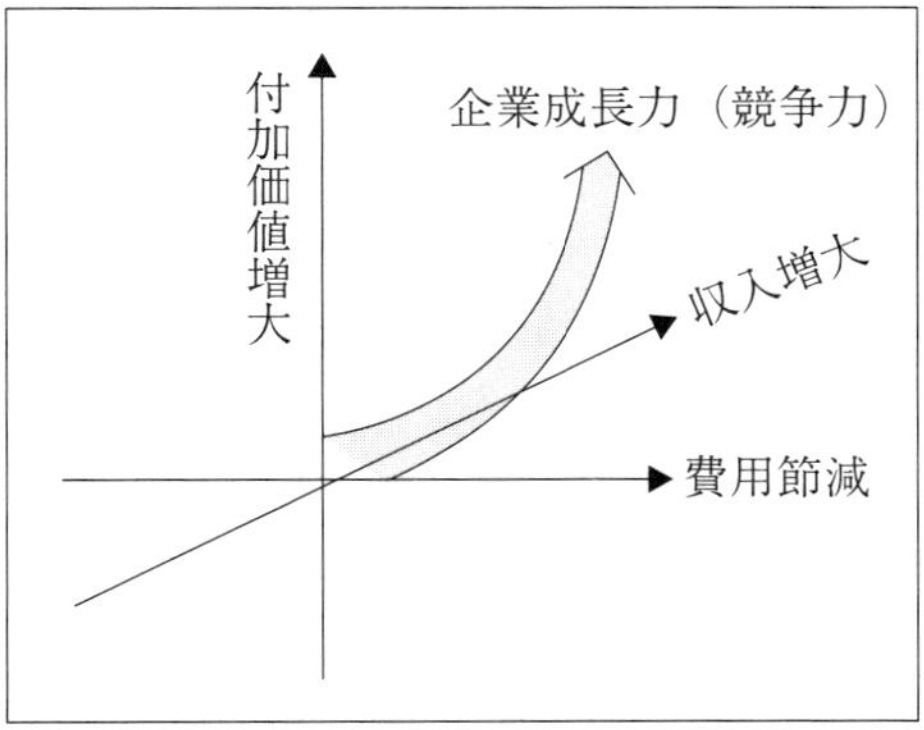

立地論と経済地理学

先述のごとく、立地論はこのような企業（産業）活動と場所（空間）との関係を理論的に解明する領域であるが、それは経済地理学という分野で育まれてきた。そこで、序章を終えるにあたり、この立地論の考え方について簡単に紹介し、本書のスタンスを確認しておきたい。

さて、経済地理学者たちの主たる関心は次の三点にあり、これらが研究課題となってきた。

①空間や地域が有する空間構造（パターンモデル）の解明（静態モデル）
②空間や地域が構造化（編成、不均質化）されていくメカニズムの解明（動態モデル）
③産業立地の結果生じる地域格差や空間格差を解消するための空間的な政策研究

このうち、とくに②に対する関心が立地論を理論的に発展させてきたのであるが、立地論はこの三つの関心領域のすべてに関わる基盤理論ともなっている。そこで、立地論と経済地理学との関係をもう少し具体的に示してみよう。**図序―2**は、一九世紀の経済地理学者チューネン（Johann H. von Thüen,1783~1850）が、その著書『農業と国民経済に関する孤立国（略称「孤立国」）』（一八二六年）のなかで示した古典的な農業立地モデルである。

図序－２　チューネンの農業立地モデル

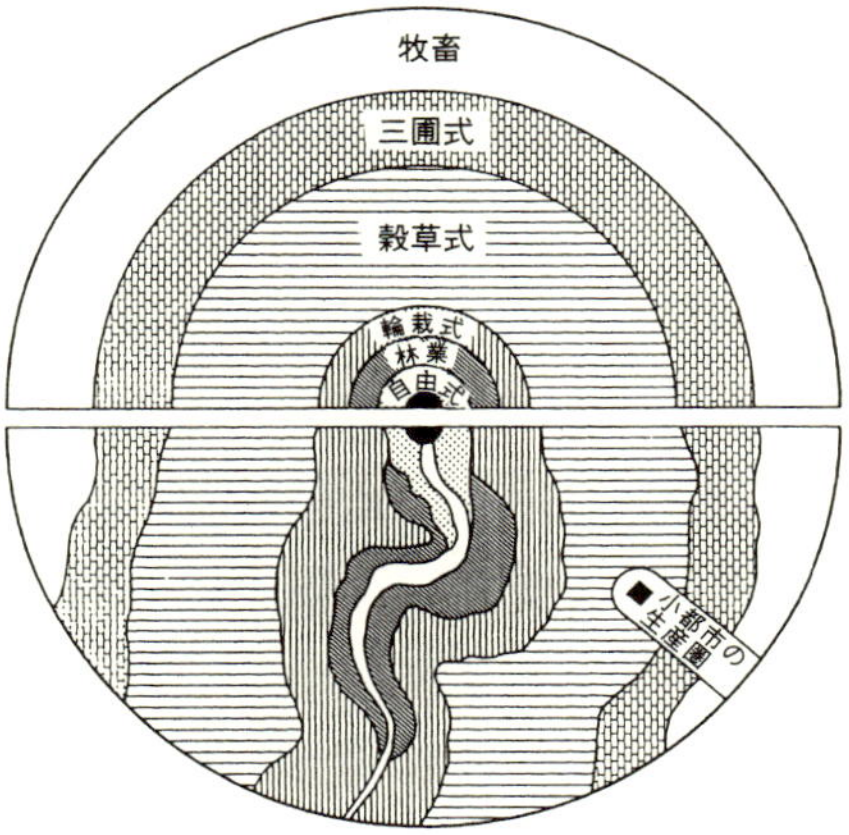

出所）Thünen. J. H（1826）訳書（1974）、296頁。

農家が農産物を市場で販売するためには輸送費がかかるが、輸送費は市場までの距離によって変化する。つまり、農家が収入を確保しようとすれば市場からの距離に応じて輸送費（コスト）に見合った作物をつくる（正確には農法を採る）必要があり、そのことが、結果的に市場を中心とした同心円的な土地利用構造をもたらす（編成する）ことをチューネンは示したのである（**図序―2**参照）。

この図では、下半分で河川（中央を蛇行）という交通路が存在する場合における土地利用構造の変化も示している。チューネンは、市場価格（売価）から、①市場への距離によって規定される輸送費と、②各種の農法ごとに規定される生産費用（種子代、労賃、肥料代など）を差し引いた残りである利潤を「地代」と呼んでいる。農家は、その場所から市場までの距離をにらみながら、この「地代」が最大になるように農法の選択を行うことから同心円的な土地利用が成立するとしたのである。これらは、作物ごとの価格（収入）と輸送費や生産費（費用）が、空間に秩序や構造をもたらすことを明らかにしたものである[9]。ただし、ここでは土地の肥沃土の違いなどは捨象され、あくまで「均質な空間」を前提にした場合に、市場（都市）への輸送費（距離）によってどのような空間構造＝不均質が生じていくのかを議論している点が重要である。

このように、経済地理学では経済活動が空間をどのように構造化＝編成していくのかがテーマとなっており、空間構造の解明（前掲①）とそれをもたらす経済的メカニズムの解明（前掲②）がなされてきたのである。とくに②の点では、きわめて経済学的な研究がなされてきた。その一方で、そのような産業立地の結果もたらされた構造や不均質な状態（格差）が地域での生活にどのような影響をもたらし、それを政策的にどう解決すべきかも研究されてきた（前掲③）。戦後のわが国の経済地理学界においても、国土政策や地域（産業）政策、都市政策に関する研究が積み上げられてきているが、それらは何らかの点で立地論と接点を有している（あるいは意識されている）ことが隣接領域の政策研究とは異なる部分であろう。いずれにしろ、経済地理学と立地論は不可分の関係にあるといえる。

とはいえ、経済地理学のなかで育ってきた立地論では、チューネンの理論が示すように、視点が立地主体の側ではなく空間（土地利用も含む）の側に置かれているのが特徴といえる。あくまで「空間の理論」なのである。その意味では、立地主体（企業＝経営体）の行動を説明するには限界もある。

また、古典的な立地論のモデルは、ほとんどの場合、費用と収入という二つの因子（片方か両方）をベースに立地が決まっていくメカニズムを説明している。しかし、すでに述べてきたように、立地主体がより経営戦略的（競争的）な存在であればあるほど、その立地決定には第三の因子である「付加価値増大の因子」が強く働き、立地論での経済学的な説明と現実（土地利用問題も含めて）との乖離《かいり》は大きくなっていく。とくに、地域的でミクロな現実を重んじようとすればするほど、あるいは企業行動の実態を踏まえた実効性のある空間政策を検討しようとすればするほど古典的な立地論からは遠ざかることになる。

これらの点に関しては、これまでも多くの経済地理学者たちが頭を悩ませてきた問題であった。本書は、このような課題を踏まえ、これまで経済地理学が経済学（空間の側）に軸足を置いて扱ってきた立地問題を、経営学（立地主体の側）に軸足を移して整理し直している。いわば、空間

(9)　チューネン理論の概要については、松原宏編著『立地論入門』（古今書院、二〇〇六年）や富田和暁『地域と産業』（原書房、二〇〇六年）を、その理論の詳細な解説と評価については、春日茂男『立地の理論（上巻）』（大明堂、一九八二年）を参照されたい。

秩序のダイナミズムを解明する立場（経済立地論）から、企業立地のダイナミズムを解明する立場（経営立地論）、企業経営にとっての場所の意味や意義を検討する立場へのシフトである。そのことで、現実の立地問題に取り組む実務家（企業・行政関係者）の人たちにも、立地現象の理解の仕方を分かりやすく示そうとしたものである。

ところで、二〇〇八年一〇月に発表されたノーベル経済学賞は、アメリカ人のポール・クルーグマン（Paul Krugman,1953〜、一七一ページ参照）が受賞した。彼の受賞理由は二つあり、一つが国際貿易論への貢献で、もう一つが経済地理学への寄与であったことは注目に値しよう。

クルーグマンが関心を抱いたのは、先に挙げた経済地理学の三つの関心領域のうちの②の領域であった。空間的なメカニズムを取り入れた数理的な経済モデルを構築する作業は、かなりの困難を伴うものである。それゆえ、主流派経済学者たちは長らく空間を無視したモデル（経済空間を点として扱うモデル）で議論を行ってきたし、経済地理学者たちは数理モデル化の面で遅れをとってきた。

クルーグマンの功績は、この困難な空間モデル構築の基盤づくりを行ったことであり、それにより経済地理学で議論されてきた空間問題を主流派経済学でも議論可能にしたことである。しかし、そもそも経済地理学という学問は、クルーグマンが深めた②のみならず①や③の領域も重視しており、より広い視点から経済空間の諸問題を扱っている点を忘れてはならない。

第1章

企業の成長を支える場所のチカラ

1 立地戦略の方向性

企業の立地戦略には、大きく二つの方向性がある。一つは「立地選択」であり、いま一つは「立地適応」である。立地選択は基本的に場所の移動を伴うが、立地適応は現状地のままで、その場所のチカラをより活用できるように自身（業態や機能）を変えていくことである。

ところで、「立地選択」という戦略方向はさらに二つに分かれる。一つは、自身にとって有利なチカラを有した場所を探すタイプのもので、いわばこれは既存の場所のチカラを「利用」するものといえる。いま一つは、場所のチカラを「創造」するものである。通常なら、大きなチカラをもたない場所をあえて選択することで新たなチカラを開発するのである。

また、「立地適応」も理論的にはさらに二つに分かれる。一つは、場所のチカラの変化（立地条件変化）に受動的に自分を合わせていく順応型の適応である。いま一つは、むしろ自己が積極的に変化することで場所が有するチカラの特性を戦略的に創造していくものである。

この創造型の立地選択と創造型の立地適応は、合わせて「立地創造」という第三の方向性にまとめることができる。よって、立地戦略には、「立地選択」「立地適応」「立地創造」の三つの方向性があるといえる。

これらを整理すると**図１—１**のようになる。以下、具体的に説明していきたい。

２ 立地選択と企業成長

立地選択というと、「儲かりそうな場所を探す」というイメージが強い。たとえば、製造業なら生産コストができるだけ低い場所を選ぶこと、小売業なら多くの売り上げ（収入）が期待できる場所を選ぶこと、といった具合である。しかし、現実には、一見すると理屈に合わないような立地現象に出くわすことも多い。たとえば、以下のようなケースである。

①賃金や諸コストが高い日本にわざわざ中国から工場を戻している。
②コンビニのすぐ近くに同じチェーンのコンビニがまた開業する。

序章で述べたように、企業は場所の三つのチカラのバランスのなかで立地を決めている。しかし、問題はどのような「視角」からそのバ

図１－１　立地戦略の三つの方向性

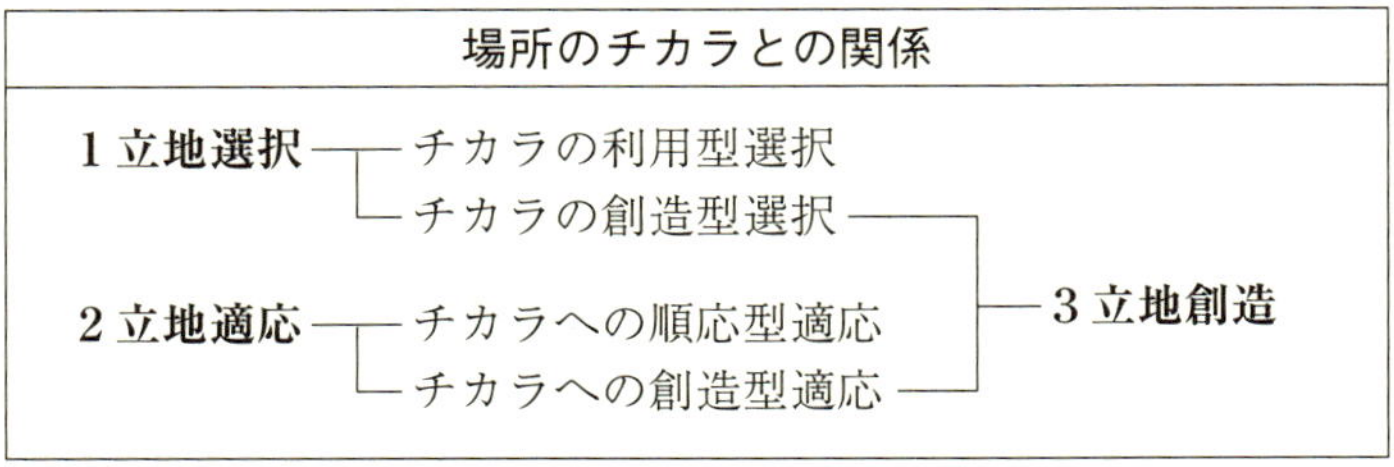

ランスを考えるのか、換言すれば何を基準に三つのチカラのバランスを考えるべきか、ということである。次の二つのケースは、実はこのような「視角」を教えてくれているのである。以下、順に解説をしていきたい。

①賃金や諸コストが高い日本にわざわざ中国から工場を戻している（回帰させる）

かつては、円高によって日本国内の工場がどんどん中国をはじめとするアジアに移転し、二〇〇二年頃からは、研究開発部門なども積極的に中国に移転させる傾向も見られた。いわゆる「産業空洞化」が話題となったことは記憶に新しい。しかし、二〇〇四年頃からは日本国内に工場を新設したり、中国から日本に生産設備を戻す企業が増えている。つまり、国内回帰とは海外の機能の一部を国内に戻すことだけをいうのではなく、以前なら海外に立地させていた工場を国内で建設することも指している。

表1―1は、近年における主要企業の国内への工場立地の一部を抜粋したものである。これを見ると、自動車業界が積極的な国内投資を行ってきたことが分かろうが、その立地点には九州が多く選択されている。また、薄型テレビ用の巨大パネル工場の立地も見られ、液晶パネルやプラズマパネルの工場が大阪湾岸に集中立地してきたことも分かろう。この結果、大阪湾岸は「パネルベイ」と呼ばれるようになった（詳細は第7章参照）。

表1－1　近年の国内での大型投資

企業名	立地点	事業内容	投資額(億)	稼働年
日産車体	福岡県苅田町	組み立て	300	2009
トヨタ	宮城県大和町	エンジン	200-300	2010
	福岡県宮若市	ハイブリッド車部品	160	2010
ダイハツ	大分県中津市	軽自動車組み立て	235	2007
	福岡県久留米	エンジン	100	2009
ホンダ	三重県四日市市	軽自動車組み立て	500	2009
	埼玉県小川町	エンジン	250	2009
	埼玉県寄居町	組み立て	450	2010
	熊本県大津町	二輪車生産	170	2008
スズキ	静岡県牧之原市	小型車組み立て	680	2008
東芝	三重県四日市市	フラッシュメモリ	14,000	2010
	岩手県北上市	フラッシュメモリ		2010
東京エレクトロン	宮城県大和町	エッチング装置	200-300	2010
キャノン	長崎県波佐見町	デジタルカメラ	714	2010
松下電池	大阪市住之江区	リチウムイオン電池	1000	2011
三洋	兵庫県南あわじ市	リチウムイオン電池	300	2009
	大阪府貝塚市	リチウムイオン電池	70	2008
シャープ	大阪府堺市	液晶パネル	3800	2009
	大阪府堺市	薄膜型太陽電池	720	2010
松下電器	兵庫県尼崎市	プラズマパネル	2800	2009
	兵庫県姫路市	液晶パネル	3000	2010

出所）日本経済新聞より筆者整理。

このような国内回帰の理由としては、中国などでの賃金上昇や輸出優遇措置の縮小などもあるとされるが、生産コストで日本と比較すればまだまだ中国の優位性が大きいためにそれだけでは説明が難しい。むしろ、この背景には、先端技術開発は国内で、量産技術は海外にという企業の成長戦略がある。

国内に先端技術を囲い込む理由は、開発技術（知識）の継承・蓄積とその漏洩回避を行うためである。海外は転職も多く、社内で技術（知識）が継承・蓄積されないばかりか、社内機密の漏洩というリスクがつきまとう。したがって、技術開発がグローバルな企業間競争の中核になる業界では、技術開発力の保持と強化を実現するために国内回帰を進めているのである。その意味では、国内回帰現象は、コスト節減のチカラよりも技術開発力の保持・強化という「場所の付加価値」のほうにより重点を置いた立地選択の結果だといえる(1)。

もちろん、国内回帰の理由はそれだけではない。製品や商品を日本国内で販売する企業の場合は、市場や取引先の反応をにらみつつ機敏に設計やデザインを変更・調整し、それを生産現場につながねばならないため、スピードを要求される製品領域では日本に海外の生産部門を戻すケースもある。

また、日本の設計部門と海外の生産現場との間で、複雑な調整や擦り合わせが必要になる先端産業でも、日本に海外の生産技術部門を戻す企業が見られる。つまり、技術の保持・強化の目的だけでなく、企業内での部門間コミュニケーションが競争優位性を支える場合にも、国内回帰が生じているのである。

さらには、安全性の観点から国内に生産を回帰させる企業も出てきている。たとえば、かつて大量に中国に移転していった子ども服のアパレル企業も、新生児向けベビー服については安全性の管理（有害物質の排除）がやりやすい国内工場への回帰を強めている。国内外に一〇〇〇店舗以上を構える子ども服大手の「ナルミヤ・インターナショナル」は、六か月未満児向けの全量を国内生産に戻すとしている。婦人服のジャヴァグループ下でベビー服を製造販売する「BeBe」も、新生児向け商品の国内生産比率を現在の五割から七～八割に引き上げるとしている。これらは、安全志向の高まりへの対応と、中国製品で事故が生じるリスクの回避を重視した立地で、単純な費用と収入との差し引きで選択された立地ではない。

このような立地選択は二〇〇六年頃から目立ち始めたが、技術開発力（イノベーション力）や市場競争力の増強、リスク回避の強化といった将来に向けての成長戦略が、場所のチカラのバランスを評価する基準となっていることを示している。我々は、このような立地選択に隠された戦略的な「視角」に注目する必要がある。

②同じチェーンのコンビニ店がすぐ近所に立地する（近接立地の謎）

たとえば、Aチェーンのコンビニの五〇メートル先に、コンビニ向けの非常によい店舗物件が供給されたと仮定しよう。

そもそも、コンビニは徒歩五分程度の商圏を想定した店舗であることから、せいぜい三〇〇～五〇〇メートル間隔で一軒立地させるのが理想となっている。したがって、普通に考えれば五〇メートル先のその場所は既存店に近すぎるために同じAチェーンが出店することはありえない。

（1）もちろん、先端的な部材を供給する関連企業や試作品をつくってくれる企業が国内に多数存在していることもある。

しかし、今、AチェーンとBチェーンとの間でこのエリアでの市場競争（シェア争い）が生じているとすると、その新規物件は放っておけば確実にBチェーンの店舗となる。となると、Aチェーンの既存店の売り上げの一部がBチェーンに奪われることになる。

このような場合は、とりあえずAチェーンがその近くの物件を押さえてしまうことがある。もちろん、一店舗当たりの売り上げは下がるが、そのエリア全体のAチェーンの売り上げ総額は減らない。したがって、エリア内でのチェーン間競争の観点からとらえると、この立地は合理性を有することになってしまう[2]。

この立地現象は、場所のチカラのバランスを考えるにあたり、チェーン店の場合は一店舗ずつの損益とは別に店舗ネットワーク全体の損益という「視角」が必要となること（第4章参照）、そして店舗の立地選択は競争戦略の「視角」からとらえる必要もあることを示している。

3 立地適応と企業成長

立地問題は場所の選択問題だけにとどまらない。立地を選択した時点では最適な場所であっても、その後の環境変化とともに場所のチカラはどんどん変化していく。とはいえ、立地移動は大きな移転コストをともなうためにそう簡単には移動できない。そこで、場所（立地）への「適応」

によって企業成長を持続させることが課題となってくる。(3) この場合も、立地選択と同様に「場所のチカラ」との関係で考える必要がある。つまり、その際に問題になるのは「場所のチカラへのより厳密な適応」なのである。

では、立地適応とは具体的にどのようなことなのか、近年生じてきた次のような興味深い現象を基に説明していこう。

①近年、中国の日系工場がその性格を急速に変化させてきている。

②同じチェーンのコンビニや衣料品店でも、店舗によって品揃えが違ってきている。

③マクドナルドが地域別に価格を変える制度を導入している。

---

(2)　現実には、このような出店はフランチャイズ店ではなく本部の直営店として出店される場合が多い。フランチャイズならオーナーの利益を確保する必要があるが、直営店であれば赤字覚悟で出店できるからである。

(3)　立地適応の概念は、もともとは企業経営の空間性に着目した経営学者の米花稔（故人、神戸大学名誉教授）が経営立地論の中核概念として一九五〇年代に提唱したものである。現実的な経営課題としては、新規の立地選択よりも既存立地への適応化を重視すべきとしたのである。とはいえ、筆者がここでいう概念とはやや内容的に異なる。米花の立地適応概念は、当時の時代背景もあってその内容的な独自性を必ずしも明確にできなかったこともあり、その後の経営学のなかでは発展していかなかった。米花稔『経営位置の研究』巌松堂、一九四九年、同『経営立地』日本経済新聞社、一九五八年、同『経営立地政策』評論社、一九六一年などを参照のこと。

①中国の日系工場がその性格を変化させつつある

かつて中国といえば、低コスト生産（安い労賃目当て）の典型的な拠点であった。一九九〇年代初頭のバブル崩壊後に長い不況に陥った日本では、製品価格は年々低下することが常識となった。いわゆるデフレである。価格低下の圧力は工場の海外進出を推し進めたが、そのシワ寄せは部品や材料を供給したり加工を受けもつ下請け関連企業により大きくのしかかった。

そこで、親企業だけでなく下請け企業までもが、まさに生き残り（企業成長の命運）をかけて中国に大挙して進出したのが一九九〇年代後半から二〇〇〇年代初頭にかけてのことである。しかし、中国の日系工場は当初こそ日本向け専門の輸出拠点であったが、一九九〇年代末になると中国は各国のメーカーの世界戦略拠点とな

中国の日系工場（自動車向け AV 機器の製造）　（写真提供：関満博氏）

った。つまり、中国工場は日本向けから世界市場向けの輸出拠点に変化していったのである。中国が「世界の工場」と呼ばれるようになったのは、まさにこの頃からである。

とはいえ、二〇〇四年頃からは状況が再び変化した。中国の国内市場が急成長し、国内（内需）向けの生産が活発になったのだ。すなわち、家電製品や自動車、それの部品としてのエレクトロニクス製品、さらには衣料品関係などが一斉に中国国内向けの生産に転換したのである。それは、中国が「世界の市場」へと転換したことを意味する。自動車の場合は、部品の輸出生産工場から中国国内向けの完成車工場へ、家電も部品工場から完成品工場へと転換してきている。

結局、日系の中国工場は、立地移動することなく中国という場所のチカラの変化に機敏に適応しながら、その機能や生産品目をどんどん変化させることで企業成長力を持続させてきているのである。つまり、当初は「費用削減のチカラ」を重視して立地したのであるが、現在では中国で「収入増大のチカラ」が強まってきたために、それに適応してきたのである。[4] これが、「立地適応」化の一つの姿といえよう。

（４）二〇〇五年以降は、中国で販売会社を設立する日本企業が増加している。これは、二〇〇四年末に中国で規制緩和が行われ、中国で生産した商品の全量を中国の国内市場に向けて販売することが可能になったことによる。このことで、中国の市場性はますます高まった。

②店ごとに品揃えが異なるチェーン店

コンビニや外食などの「チェーン企業」の大原則は、全国同じ規格の店舗で同じ品揃えをし、同じサービス（顧客対応）を提供することであり、それによって全体のコストを下げて効率的に経営を行うことであった。いわば、いかに「標準化」して「規模の経済」を発揮させるのかが課題となってきたのである。

しかし、言うまでもなく、店舗が立地する場所のチカラはそれぞれの店舗ごとに異なる。つまり、周辺の商圏環境が異なれば客層も売れ筋商品も異なる。したがって、標準化が進めば個別店舗における品揃えと商圏特性とのギャップが拡大することにもなる。このような矛盾を解決しようとする動きが「立地適応」化なのである。

コンビニを例にとってみよう。コンビニ業界では、一九九〇年代から大量出店と大量閉店が同時に行われる現象が続いている。つまり、コンビニは出店競争が激しく、当初は最適な立地であってもすぐに競合店が周辺に開店して売り上げが低下してきた。そこで、立地移動（店舗のリロケート）を繰り返すことでエリア全体の売り上げを上げて、企業成長力を維持することが行われてきた。

表1―2は、各チェーンの新規出店と閉鎖店を見たものである。その閉鎖店の多さには目を見張るものがあり、かつては閉鎖数のほうが出店数を大きく上回るものも見られた。つまり、コン

表1－2　主要コンビニの出店・閉店

チェーン名	2007年		2011年	
	出店	閉店	出店	閉店
セブンイレブン	816	517	1,201	428
ローソン	452	429	766	303
ファミリーマート	520	330	851	316
サークルK＆サンクス	284	459	325	242
ミニストップ	165	126	109	50
デイリーヤマザキ	100	170	95	74
6社合計	2,337	2,031	3,347	1,413

出所）コンビニエンスストア調査（日経MJ、2008年7月23日、2012年7月25日）より。

ビニは、立地の変化が非常に早いのである。したがって、コンビニ各社はよい立地を確保すること、とくに「収入増大のチカラ」の大きな場所を確保することこそが成長戦略の根本であると認識してきたのである。とはいえ、このような場所取りゲームにはかなりの費用的な負担がかかるために限界もある。

そこで近年では、店舗リストラだけに頼らず、既存店の売り上げをどれだけ上げて成長力を維持するのかということもテーマとなってきている。すなわち、既存立地への「立地適応」化であり、具体的には商圏特性に応じた品揃えの変更であった。つまり、オフィス街、駅前、単身者が多い住宅街、ファミリーが多い住宅街といった、店舗立地の違いに合わせた品揃えを模索することで成長力を維持しようというのである。もちろん、品揃えを店ごとにバラバラにすると扱い商品数が増大して管理コストが上がるため、どの程度の「立地適応」化を行うのかが課題となる。

「サークルKサンクス」では、二〇〇五年に既存店の立地別、地域別、客層別対応を掲げ、その後、「住宅地」、「工業地住宅」、「ロードサイド」、「繁華街・オフィス街」、「駅前」という五つの立地タイプに応じた売場づくりや品揃えを進めている。また「セブンイレブン」でも、二〇〇六年秋に店舗の立地条件や周辺の施設条件データと商品販売との関係が分析できる第六次総合情報システムを整備している。このような立地適応化に向けての取り組みは、「タカキュー」や「ブルーグラス」、「ライトオン」といったアパレル店でも取り組まれてきている。ちなみに、ライトオンでは、二〇種類の品揃えタイプを用意して立地特性別に選択する方法をすでに採用している(5)。

地域別・立地別に適応をする戦略は外食業界でも広がりつつある。たとえば、「モスバーガー」では、二〇〇八年五月から全国約一四〇〇店のうち都市立地の店舗約六〇〇店に限定メニューを導入し、地方店舗とのメニューの差異化を進めている。また、居酒屋チェーンの「はなの舞」では、各地域の食材や嗜好を反映した地域別の八種類のメニュー構成を構築している。さらに、オムライス専門店の「ポムの樹」では、本部が二〇〇種類以上ものオムライス・メニューを用意し、各店舗に立地や客層に合わせた数十種類のメニューの組み合わせを自由に選択させている。

③マクドナルドが地域別に価格を変える

二〇〇七年六月、日本マクドナルド社は「地域別価格制」を導入した(6)。これは、都道府県ごとに商品価格に差をつける制度である。そもそも、外食チェーンは家賃と人件費（アルバイト代）が経営コスト（固定費）の大きな部分を占めているため、各店舗ごとにコストに差が生じてしまう。したがって、本来は商品の販売価格を店舗ごとに変えないと利益率にバラツキが出ることになる。ところが、不思議なことに、これまでは全国一律の価格が設定されていたのである。これは、一律に同質のサービス（価格も含めたもの）を消費者に提供するというチェーン企業としての「大義」に従ったものであった。本部とすれば、店舗間の利益差はあるものの、店舗全体で利益を平均化すればよいという発想であった[7]。

しかし、一九九〇年代の消費不況以降、マクドナルド社は全店舗一律に大幅な値下げをしてき

（5）スーパーでは、時間帯別の品揃えに取り組む企業も現れている。同じような立地でも、時間帯によってニーズが異なるからである。たとえば、「マックスバリュー東海」では、一日に五サイクルの時間帯別品揃え基準を整備し、タイムリーな商品提供を実現している。

（6）この地域別価格制度は、その後カレーチェーンの「壱番屋」も採用している。二〇〇七年秋には、「ローソン」や「吉野家」もこの制度の検討を行ったとされ、各社の関心が高まっている。なお、マクドナルドは二〇〇八年五月に価格改定を行っている。

（7）もちろん、厳密に価格調整をするのであれば日々価格変更をする必要もあろうから、そういった価格変更のコストと顧客の混乱を避けるというのも一律価格制のメリットであった。さらに、価格の安さをウリにする企業では、統一価格制が宣伝効果を発揮するという優位性もある。

表１－３　マクドナルドの地域別価格

全国	ビッグマック	ダブルチーズバーガー	てりやきバーガー
北海道	280(590)	260(590)	250(570)
青森県	280(580)	250(550)	230(530)
岩手県	280(580)	250(550)	230(530)
宮城県	260(560)	230(520)	230(530)
秋田県	280(590)	260(590)	250(570)
山形県	260(560)	230(520)	230(530)
福島県	260(560)	230(520)	230(530)
茨城県	280(590)	260(590)	250(570)
栃木県	280(590)	260(590)	250(570)
群馬県	280(590)	260(590)	250(570)
埼玉県	290(620)	270(590)	260(580)
千葉県	290(620)	270(590)	260(580)
東京都	290(640)	270(610)	260(580)
神奈川県	290(640)	270(610)	260(580)
新潟県	290(620)	270(590)	260(580)
富山県	280(590)	260(590)	250(570)
石川県	280(580)	250(550)	230(530)
福井県	280(590)	260(590)	250(570)
山梨県	280(590)	260(590)	250(570)
長野県	280(590)	260(590)	250(570)
岐阜県	280(590)	260(590)	250(570)
静岡県	290(620)	270(590)	260(580)
愛知県	290(620)	270(590)	260(580)
三重県	280(590)	260(590)	250(570)
滋賀県	280(590)	260(590)	250(570)
京都府	290(640)	270(610)	260(580)
大阪府	290(640)	270(610)	260(580)
兵庫県	290(620)	270(590)	260(580)
奈良県	280(590)	260(590)	250(570)
和歌山県	280(590)	260(590)	250(570)
鳥取県	260(560)	230(520)	230(530)
島根県	260(560)	230(520)	230(530)
岡山県	290(620)	270(590)	260(580)
広島県	290(620)	270(590)	260(580)
山口県	280(590)	260(590)	250(570)
徳島県	280(590)	260(590)	250(570)
香川県	280(590)	260(590)	250(570)
愛媛県	280(580)	250(550)	230(530)
高知県	280(580)	250(550)	230(530)
福岡県	280(590)	260(590)	250(570)
佐賀県	280(590)	260(590)	250(570)
長崎県	280(590)	260(590)	250(570)
熊本県	280(580)	250(550)	230(530)
大分県	280(580)	250(550)	230(530)
宮崎県	280(590)	260(590)	250(570)
鹿児島県	280(590)	260(590)	250(570)
沖縄県	280(590)	260(590)	250(570)

(注) 単位は円。単品での価格、カッコ内はポテト、ドリンクとのセット価格。
色の濃い都府県ほど高くなっている。　出所) 日経MJ、2007年８月27日付

ためために利益率（コスト吸収力）が低下した。それに加えて、近年では大都市部での家賃や人件費の上昇が見られるようになり、店舗間のコストの差（場所ごとのコスト節減力の差）が大きくなってきていた。その結果、一律価格での販売が全体の企業収益を圧迫するようになってきたのである。そこで、企業成長の持続を目的として採用したのがこの地域別価格制度であった。

表１―３は、日本マクドナルドの地域別価格一覧である。[8] これは、場所のチカラの地域ごとの差と見ることもできよう。

しかし、この制度には矛盾点もある。まず、本来なら店舗ごとの価格となるはずのものが都道府県単位というきわめておおざっぱなものとなっている。これは、同じ地域内で価格に差をつけると消費者に混乱を与えるからである。また、価格差については、その計算の根拠が曖昧で（差も小さい）、しかも結果的には値上げをした地域がほとんどとなっている（全国の店舗の約九割）ことから、単なる値上げではないかといった批判も聞かれる。とはいえ、この問題は、場所ごとのチカラの差により利益率や商品価格が変化するという、きわめて合理的な現象を示す例である点は注目に値しよう。[9]

（８）その後、この価格差は縮小してきており、導入時は最大八〇円差であったものが、二〇一二年時点では四〇円差に縮まっている。なお、一部には立地点別（店舗別）に差を付けるところもある。

まず、売上総利益を大きくするには、仕入れ原価を下げねばならない。小売業が問屋に仕入れ価格を下げさせる交渉をしたり、原価の安いオリジナル商品（PB）の開発に力を入れたりするのは、売上総利益を大きくするためである。

一方、経費には「人件費」「家賃」「減価償却費」「光熱費」「広告宣伝費」などがあるが、通常わが国では、「人件費」が最大で「家賃」や「減価償却費」が次に大きく、これらを削減できると利益は上昇しやすい。

人件費はアルバイトなどへの転換で比較的容易に削減できる部分もあるが、家賃の値下げは家主との交渉になるため難しい。実際、家主との交渉が裁判に発展することもある。例えば、2003年には渋谷西武が家賃の２割減額を求めて家主を提訴し、また丸井国分寺店も家賃の２割削減を求めた裁判でようやく１割引き下げを勝ち取っている。

では、自己保有の店舗なら家賃がゼロであるので、問題は解決するかというとそうでもない。自己保有の場合は店舗建設やリニューアルに大きな費用が必要となり、それが利益を圧迫することも多い。というのも、それらの費用は会計上「減価償却費」として計上され、売上総利益から差し引かれるからである。さらに、店舗建設のために銀行から多額の借金をすれば、その金利支払いの負担がのしかかり、図の「経常利益」を減少させることになる。よって、自己保有の店舗は、減価償却期間が過ぎないと利益が出にくい場合が多いが、逆に古い店舗はリニューアルに金をかけすぎない限りは利益が出やすくなる。

立地を決定する際には、「収入増大のチカラ」（売り上げ見込み）にばかりに目が行き、店舗コストが後々もたらす影響を甘く見る傾向もある。また、収入増大のチカラを過大評価して、店舗に費用をかけすぎる傾向も見られる。小売企業の成長には、両者のバランスを図ることが重要となる。

コラム

2　家賃と小売経営

言うまでもなく、小売業の利益とは売上額から仕入額を引いた残りである。これを「売上総利益」または「粗利益」という。それが全部利益になればよいが、そうはいかない。その商品を販売するために必要となった「経費」を差し引かなければならないからである。

下図のように、売上総利益からは多くの費用が順次差し引かれていき、最終利益は極めて小さなものとなる。したがって、小売業が最終利益を増大させるためには、図の出発点である売上総利益をより大きくするか、順次差し引かれていく経費を削減する必要がある。

小売業の利益構造

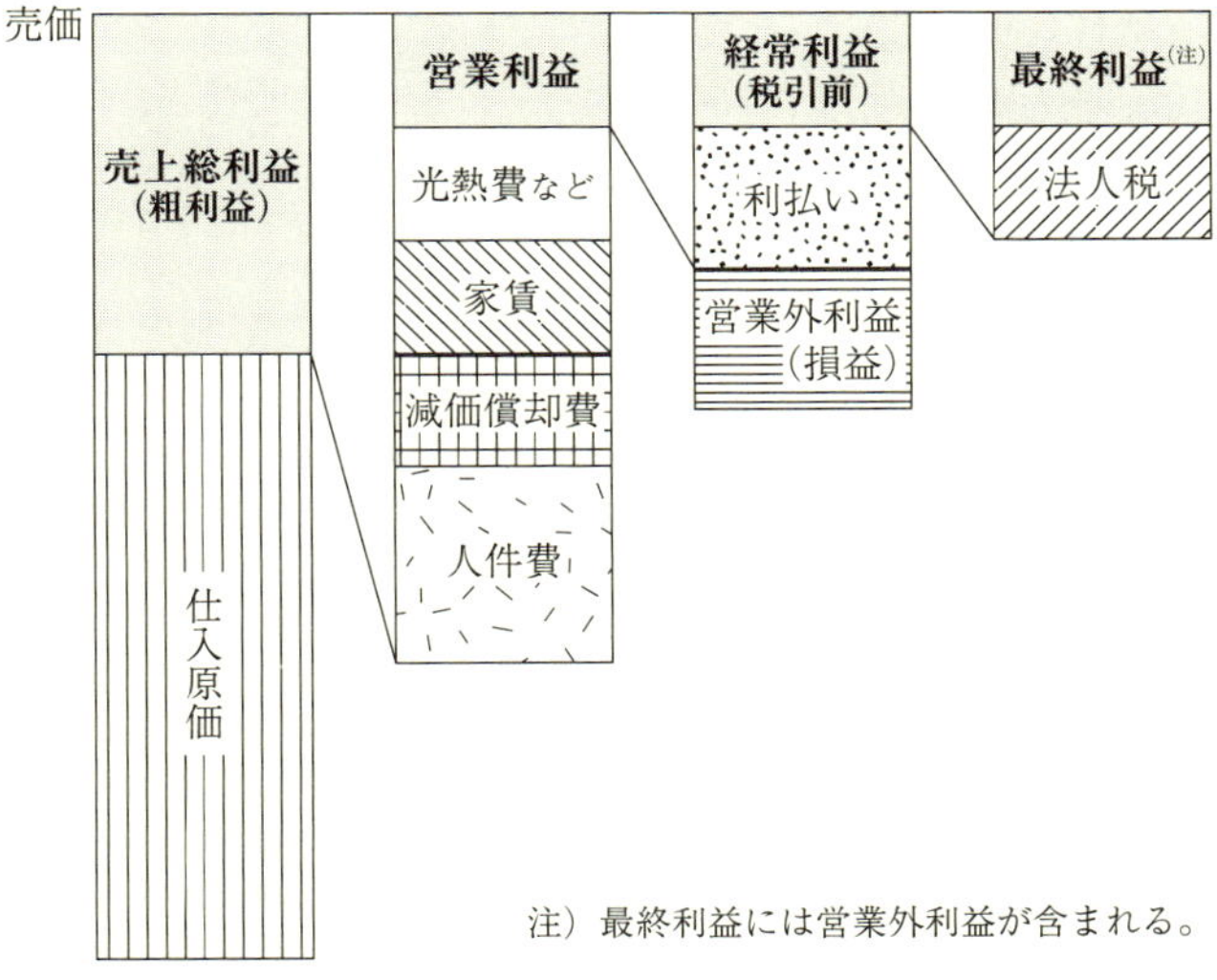

注）最終利益には営業外利益が含まれる。

以上のような立地適応化は今後もさまざまな企業で進められると思われるが、立地選択の段階で、立地別の対応を行う立地適応の手法（ケース②③）を導入するとより効果的な立地選択が実現するであろう。その意味では、立地選択と立地適応とはとくに流通業の実務レベルでは同時実現がめざされるべきものといえよう。

〈4〉立地創造

ところで、立地は開発され創造される側面をもつことも忘れてはならない。すなわち、立地創造という概念もまた重要となるのである。ここでいう立地創造とは、**図1―1**で示したように立地選択の一つであり、立地適応の一つでもある。つまり、場所のチカラそのものを開発・創造していくタイプの立地選択であり、立地適応だといえよう。そうすることで、ほかでは得られない成長力を獲得しようとする行動である。

たとえば、一般に都市から遠く離れた場所は地価（固定資産税も）や家賃あるいは労働力コストが低いため大きな費用節減のチカラを有しているが、他方、収入増大のチカラ（集客力など）は非常に弱く、付加価値を増大させる力もないであろう。しかし、そこにあえて立地し、自ら収入増大のチカラや付加価値増大のチカラをそこに「創造」することができれば、立地・運営コストが低い分だけ大きな利益が期待できることになる。

このような事例は、とりわけ流通業において多く見られる。たとえば、次のようなものである。

①市街地や繁華街・駅から離れた場所に大型商業施設が立地する。

②人通りがなかった裏通りに若者向けのファッションを扱う店舗が軒を連ねる。

以下において、具体的に解説していきたい。

①市街地や繁華街・駅から離れた場所に大型の商業施設が立地する

近年、「立地創造」という言葉を使うようになった企業の一つに株式会社イオンモールがある。同社は、大型店立地の規制緩和が進んだ一九九〇年代末頃から、地方圏において既存の市街地から大きく離れた農業地帯に大型ショッピングセンターを開発し、広域から車での集客を行う手法をとってきた。たとえば、東北地方の秋田市（一九九三年）や青森県下田町（一九九五年）、あるいは近年では九州の宮崎市（二〇〇五年）や埼玉県羽生市（二〇〇七年）などでの開発が田園

（9）　地域別価格制は、コスト以外の要因によっても導入される。たとえば、メガネスーパーは、二〇一〇年一一月に価格競争の激しい関西・九州地区の価格を戦略的に平均三〇〇〇円値下げした。

地帯での立地創造の典型といえよう。同社は、二〇一三年現在、全国に約七〇か所の大型ショッピングセンターを有している。

これは地方圏の農業地帯ほど車の所有率が高く、周辺道路もよく整備されていることから、広域商圏型の施設を建設しやすいことを利用したものである。また、農業地帯では地価が非常に安いため、大都市圏での開発と比較してコストを大きく節減できる分だけ損益分岐点を低下させることができ、販売収入額に比して黒字化しやすい施設づくりができるという効果もある。すなわち、地方圏の農村地域が有している潜在的な収入増大のチカラと費用節減のチカラをうまく活用した立地選択の事例といえる。

また、同社は、一九九〇年代後半から工場跡地の開発にも力を入れている。わが国の製造業

田園地帯に開発されたイオンモール羽生 SC（写真提供：㈱イオンモール）

は、バブル崩壊後の長期不況期に生産コストの節減のための海外移転や国内の事業拠点の集約化を断行した。移転や閉鎖の対象となったのは、高度成長期以前に建設された古い工場が主であった。

それらは大都市の市街地縁辺部や駅周辺（鉄道輸送の関係）に立地していたものが多く、結果的にそのような地域に多くの工場跡地が出現したのである。それらの跡地のなかには売却されたものもあったが、地価が下落するなかで、多くの場合は所有権を製造業が保有したままショッピングセンターに転用される（賃貸される）ケースも少なくなかった。

イオンモールは、このような工場跡地での立地創造にも取り組んできた。愛知県岡崎市の日清紡の跡地（一九九五年）、三重県鈴鹿市のカネボウの跡地（一九九六年）、岡山県倉敷市のクラレの跡地（一九九九年）といった繊維系工場のほか、広島県府中町のキリンビールの跡地（二〇〇四年）や京都市の島津製作所の跡地（二〇〇四年）、東京都武蔵村山市の日産自動車の跡地（二〇〇六年）、京都市向日市のキリンビールの跡地（二〇一四年予定）などがその典型例である。

工場跡地への立地のなかには、雇用や税収増、にぎわいの創出を狙う地元自治体の誘致によるものも見られる。しかし、このような大規模な商業開発は、都市の中心市街地に立地する小売業や商店街に与える影響が大きい。近年では、中心市街地の商業衰退の要因をこのような大規模な郊外開発に求める意見も多く耳にする。

とはいえ、中心市街地の商店街などが衰退したのは、郊外の大型店開発だけが原因ではない。

商店街の周辺の人口自体が郊外化して空洞化している都市も多く見られるからである。郊外化は大型店が先導したというよりも、そもそも公共施設や住宅などが郊外化することで都市自体が郊外拡大した結果、立地創造の可能性を有する場所が広がり、大型店が郊外に立地したケースも少なくない。その意味では、中心地商業の衰退は、商業者間競争の問題というよりも、都市計画上の問題（政策的な問題）だということもできる。

神戸大学名誉教授の田村正紀は、『立地創造』（二〇〇八年）という本において、立地創造型の商業開発を行う大手資本によるショッピングセンター開発が、既存の商業中心地や伝統的な中心地体系に与える影響を検討している。中心地体系とは、経済地理学者のクリスタラー（一四四～一四五ページの**コラム7**参照）がその中心地理論のなかで提起したもので、都市や集落の階層的な立地体系を意味する。詳細な分析の結果、田村は中心地（都市の商業中心）の構造的な変化には、大型店（ショッピングセンター）だけではなく、そこに出店をする専門店の立地行動が大きな影響を及ぼしているとする。また、消費者側のショッピング行動の変化も商業中心地体系に影響していることを明らかにしている。これらの点から見ても、既存の商業中心地の衰退はそう単純なものではないことがうかがえるのである。

そもそも、郊外で立地創造を行う業者は、基本的に不利な立地でも消費者がわざわざ足を運んでくれるようにする努力をたゆまなく行わざるを得ない。その意味では、もし既存の商業中心地がさまざまな面で不利だというのなら、衰退した商店街は「中心市街地での立地創造」を行う必要がある。それにより、郊外の商業者と競争をするべきなのである。

では、中心市街地での立地創造とはどのようなことをいうのか。次に見てみたい。

②裏通りに若者向けの店舗が軒を連ねる

ここで留意すべきことは、立地創造は何も大型店だけに与えられた特権ではないということである。実際、大都市には人通りがない裏通りにあえて立地することで、場所のチカラの開発・創造を成し遂げたケースも見られる。その一つが、次ページの**図1―2**で示される東京・渋谷区の「裏原宿」、いわゆる「ウラハラ」である。

このエリアは、明治通りと旧渋谷川歩道に挟まれた神宮前三～四丁目の地域で、そもそもは静かな住宅街であった。一九七八年に開業したファッションビル「原宿ラフォーレ」や、一九八〇年代に発展したティーンエイジャーの街・竹下通り、それに一九九〇年代以降に増大した表参道に面した高級ファッション・ブランド店とは異なり、一九九〇年代末になって旧渋谷川の暗渠《あんきょ》に沿った通り（キャットストリート）に出現した小さな無名の衣料品店群は、ヒップホップ系やスケーター系のファッションなどを売り物にした個性的な商品を扱う店であった。また、周辺には一九七〇年代から、いわゆる「マンションメーカー」と呼ばれる若手デザイナーたちのファッシ

図１－２　裏原宿の位置

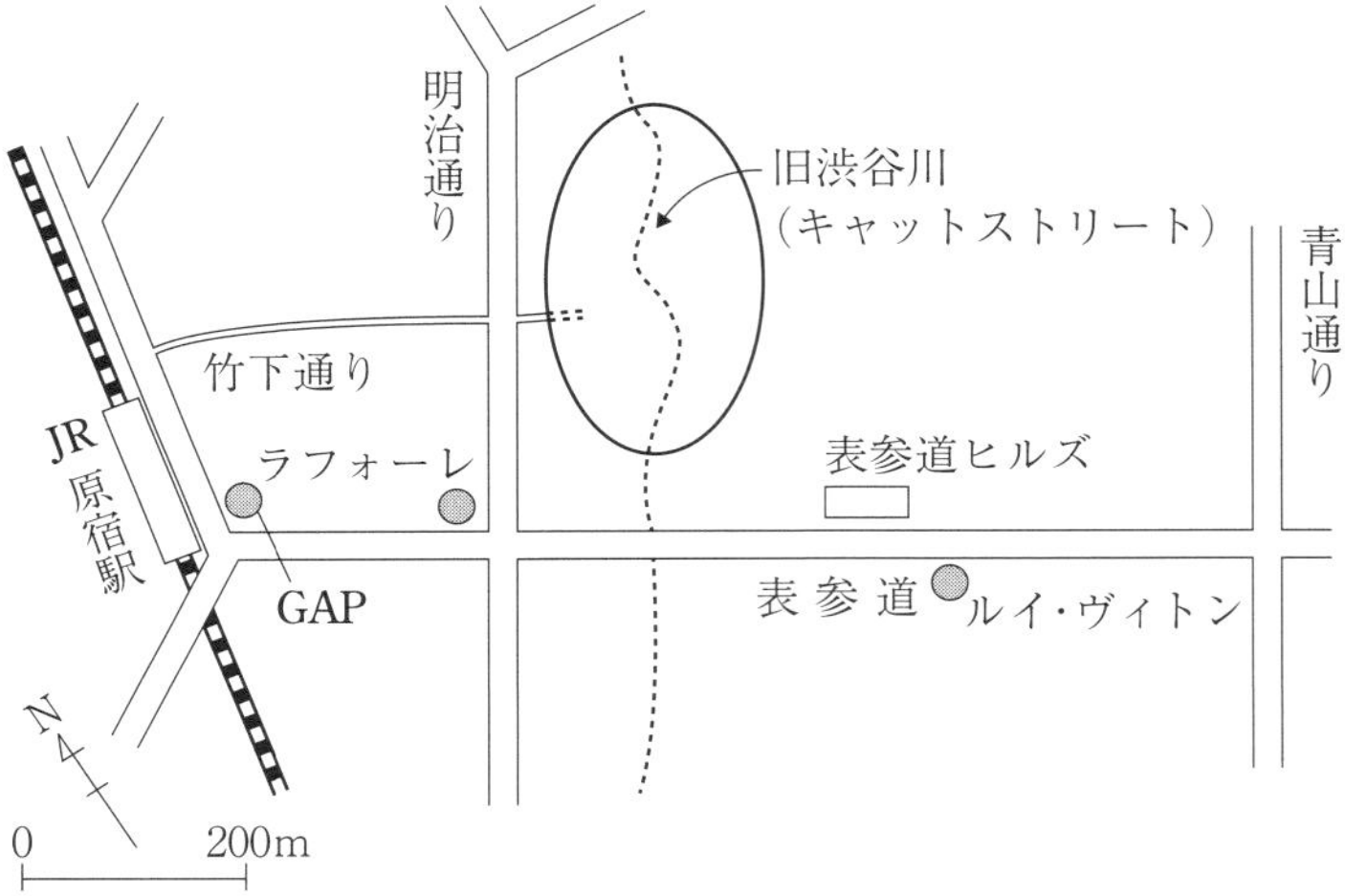

裏原宿のキャットストリートに並ぶショップ

ヨンメーカーが多数立地していたが、そこでつくられた流行の先端をいく衣料品やアクセサリー、とくに安くてオリジナリティが高い商品が並べられたことが若者たちの人気を呼んだのである。

もともとは人通りも何もなかった場所が、二〇〇〇年頃からストリート系のファッションに惹かれる若者たちを集めるようになり、現在では東京を代表する先端的なファッション発信基地としてのチカラをもつようになった。原宿に隣接していることもあり、ファッション業界の関係者の目にも留まりやすく、ウラハラから百貨店でも販売されるブランドに転身したケースも見られる。また、海外のメディアに紹介される機会にも恵まれている。

その意味では、このエリア（場所）は、ファッション企業やデザイナーにとっては新しいデザインや発想のヒントを与えてくれるとともに、企業としての成長・飛躍のチャンスを与えてくれる場所でもある。つまり、単に多くの顧客を吸引して収入（販売）を増大させてくれるチカラのみならず、企業としての「付加価値を増大させるチカラ」を有するようになったのである。それゆえ、このウラハラへの立地をめざす企業（マンションメーカーのショップ）やカフェも急増してきている。(10) これも、立地創造の一つの姿なのである。

---

(10)　裏原宿のファッション産業については、矢部直人（二〇一二）「『裏原宿』におけるアパレル小売店集積の形成とその生産体制の特徴」『地理学評論』85－4、三〇一～三二三ページを参照。

図１－３　大阪の新しい商業地区

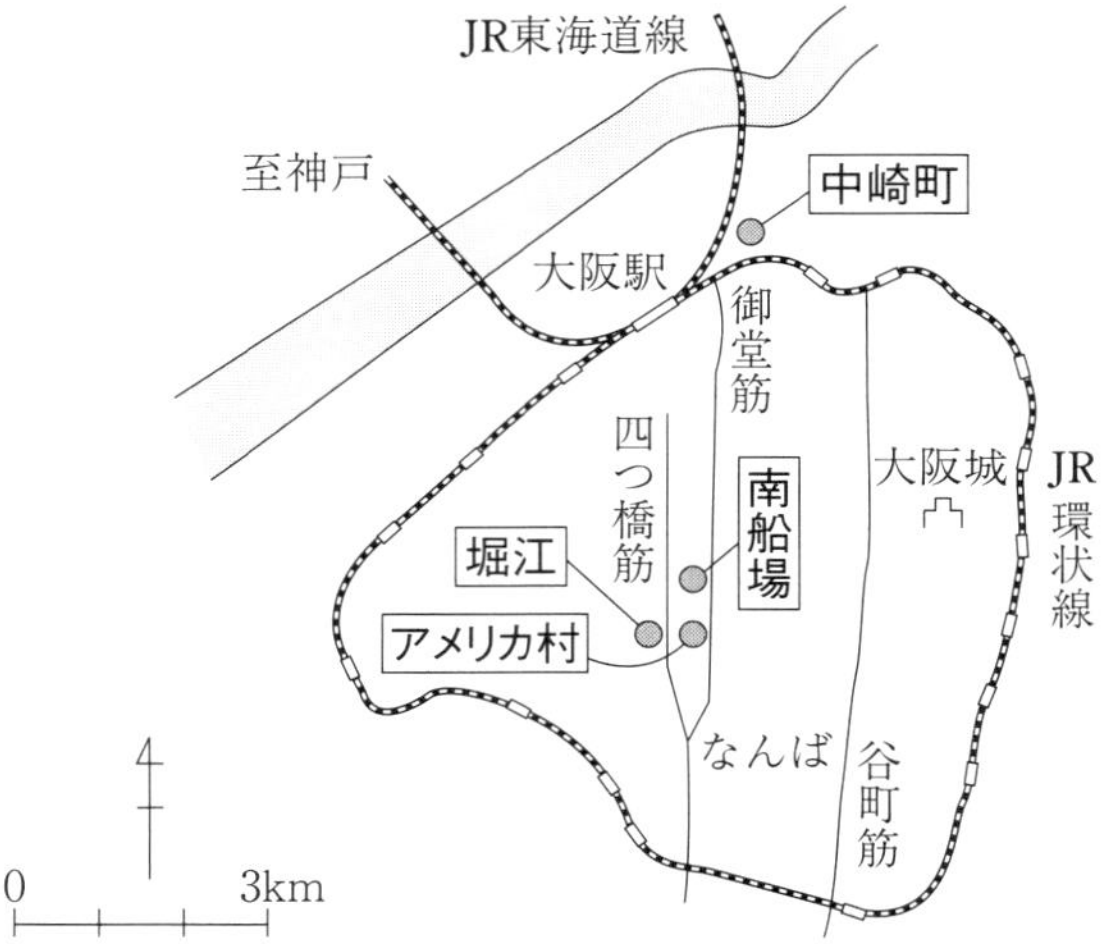

このような市街地での立地創造は関西の大阪や神戸でも見られる。もっとも古いものは一九七〇年代後半に誕生した都心の「アメリカ村」であり、当時流行の先端であったアメリカ西海岸のサーファー系ファッションを扱う先端的な店舗（輸入古着屋など）が、繁華街の裏通りの倉庫街など家賃の安いエリアに立地したことがきっかけとなっている（**図1―3**参照）。

一九八〇年代から一九九〇年代にかけてそのエリアが若者の街として発展すると、その喧噪から逃れるようにカフェや衣料品店あるいはインテリアの店がさらに西側（中心地と逆方向）のエリアである「堀江」地区に立地していった。その後は、その北側にある「南船場」地区にも多くのカフェやブティックが立地している。それらの地区も都心にはあるが、商業地区としては「収入増大のチカラ」が非常に弱かった地区である。

しかし、そのような場所にあえて先端的なファッションを扱う店舗が立地したり、おしゃれなカフェやレストランあるいはサロン（美容院）が立地することで、場所の付加価値が創造されていったのである。現在では、「アメリカ村」「堀江」「南船場」はそれぞれ異なる個性を有する場所になっており、若い人たちが多数居住するエリアともなっている。これらの地区は、都心の大規模な繁華街（ナンバや心斎橋）やビジネス街に近接している点が発展のカギを握っているといえる。

ただし、裏通りの立地創造は、繁華街からの近接性だけが要因ではない。それを知る手がかりが、神戸で注目を集めている「栄町《さかえまち》」エリアにある。この一帯は、神戸の古くからの都心商業中心である元町商店街の南側（海側）に並行して広がるエリアで、明治から昭和にかけては神戸の金融街として銀行や証券・保険会社が軒を連ねるとともに多くの貿易会社もオフィスを構えたが、戦後の高度成長とともに神戸の経済の中心が隣の三宮地区に移り、さらに一九九五年一月一七日の阪神・淡路大震災によって多くの古い近代ビルが被災して姿を消すと、かつての面影は急速に薄れて寂れていった。

ところが、一九九〇年代末頃から、この静かなエリアの裏通りである「乙仲通り《おつなかどおり》」の古いビルの中に衣料品店やカフェが開業するようになっていった。それは、元町や南京街《なんきんまち》の繁華街に隣接するわりに震災以降家賃が低下したことが要因だったとされるが、それ以上に、この街がもつ付加価値が多くの店舗や人々を惹きつけた点に注目すべきであろう。すなわち、一帯には震災に耐えた古い近代建築も残り、震災後に街の景観が一変した神戸においては珍しくかつての神戸らしい情緒が残るエリアとなったことがこの街の付加価値を高めて、人々を引き寄せるチカラとなったのである。

一帯の建築物は建築史を学ぶうえでも貴重なものが残ることから、それを見学する目的で訪れる人もいる。古い建築物のオフィス跡に入る多くの個性的な衣料品店の多くは、通りからは直接見えない。あちこちのレトロなオフィスビルを訪ねて、気に入った店やファッションを探し出す（発見する）楽しさも、この街ならではのものといえよう[11]。

景観的には異なるが、やはりレトロさが人々を惹きつけて立地創造が生じている街が大阪にもある。それが、「中《なか》崎町《ざきちょう》」である。この一帯は、JR大阪駅から徒歩一〇分、

栄町の古い事務所やビルには多くのショップが入居する（右側は築100年の「海岸ビルヂング」）

地下鉄で一駅という都心に隣接した場所でありながら、奇跡的に戦災の被害を受けなかった。エリア内には路地も多く、古い長屋や木造アパートもあちこちに残り、昭和の庶民的な住宅地といった風情が漂っている。

ところが、こんな何の変哲もない街に、一九九〇年代の末頃からカフェや衣料品店、雑貨店、ヘアサロンなどが開業されるようにな

(11)　二〇一二年時点で、このエリアの中心部には衣料品店が六四店、雑貨店が三三店、雑貨・セレクトショップが一四店、ヘアーサロンが九店、ギャラリーが九店、古着・リメイク店が七店、アクセサリー・ジュエリー店が六店、インテリア店が三店、革製品・バッグ店が二店あるほか、カフェが一七店、レストランが二七店、バーが七店見られる（乙仲通界隈プロジェクト委員会「神戸乙仲通りＭＡＰ　2012」をもとに筆者が集計）。

背後の高層ビル群と対照的な中崎町の街並み（左手前の古民家はヘアサロンに改造されている）

り、いまや六〇数軒もの個性的な店舗が散在する街に変貌し、若い女性たちが都会の喧噪を逃れて訪れるエリアとなった。近年は、海外のガイドブックにも紹介されるようにもなり、外国人観光客の姿も見かけられるようになってきた。

なぜ、この街がこれほどまでに多くの人々を惹きつける場所になったのか。そこには、立地創造を理解するヒントや、場所のチカラと新たな企業立地やまちづくりを考えるヒントがあるように思われる。そこで、少しこの街のチカラを以下で解きほぐしてみたい。

5 中崎町《なかざきちょう》での立地創造

繰り返すまでもなく、立地創造とは、場所のチカラのなかでもとくに「収入増大のチカラ」が弱かった場所にあえて商店や事業所などを立地させ、新たなチカラ（パワー）を生み出す営みである。中崎町での立地創造は、この街でカフェや商店を開業したオーナーたちの手で成し遂げられた。そのオーナーたちとは、どのような人々だったのであろうか。

この街には、古い住宅や商店あるいは古い長屋やアパートの一部をリノベーションしたカフェ、ファッション系の店（古着屋やオーダーメイドの洋服店なども ある）、雑貨店、アート系ショップなど個性的なものが多く見られる。ほとんどが、商業とは無縁のエリアに佇む古い住宅ゆえの家賃の安さや、この街が有する独特のレトロな雰囲気（空気）に惹かれて集まってきた素人オーナーたちの店である。

多くの店に共通するのは、目先の収益よりも自分の夢を実現したいというオーナーたちの思いが強く表れていることである。それゆえ、自作の商品やこだわりの商品・メニューを置くオンリーワン的な店がほとんどとなっている。オーナーの年齢層は二〇代から六〇代までさまざまであるが、脱サラをして夢を叶えた人も少なくない。

開業資金が乏しい人が多かったため、家賃の安い古民家や空き家が選ばれ、そこに最低限の手を加えただけの店舗が開かれていった。その結果、素人感やレトロ感が強い店が次々と生まれてきたのであるが、そのような店舗に漂う「昔の日常」が、年配者には懐かしさを、若者には新鮮さを与え、日頃のストレスを忘れさせる「非日常」の場所（空間）として人気を集めているといってよかろう。

ところで、この街の魅力は、個性的な店舗群のみならず、それらの立地パターンにもあることを忘れてはならない。店舗は連なって立地しているのではなく、住宅街に埋め込まれるように分散しており、それが地図を片手にめぐる楽しさを与えてくれる。また、カフェやショップは路地奥にも多く立地しており、かなり狭い路地にまで分け入らないと見つけられない店もある。そんな目立たない場所に店を出す理由は、一つには路地奥ほど家賃が安かったこともあるが、何より店のオーナーが路地奥の古民家空間がもっている独特の「空気」に付加価値を見いだしたからにほかならない。

その路地奥の隠れ家的な立地は、来訪者(顧客)に自分だけが知っている秘密の場所といった感覚を与え、リピーターを増やす仕掛けとしても機能している。また、カフェの場合は、路地奥の古民家の雰囲気が、そこで出される個性的なメニューや味を引き立たせる効果も生んでいる。その意味では、中崎町は、場所が有する付加価値とは何かを教えてくれる絶好の街だといえる。

さらには、この街には小さな看板しか出ていない店、外からは何の店なのか分からない店、ただの個人住宅にしか見えない店など、通い慣れた人だけが分かる店も少なくない。

中崎町の路地に佇む古民家カフェ（2001年開業の草分け的なカフェで、イベントスペースやギャラリーともなる）

それは、利益を第一義とせず、自分なりのこだわりを大切にするオーナーたちが相手にしたい顧客を選んでいることの現れでもあろう。それだけに、店を探しながら、何を売る店か（ドアの向こう側）を想像しながらの路地巡りは、さながら「宝探し」をしているような気分に来訪者を浸らせてくれる。それは、見慣れた既存のチェーン店やブランド店が効率よく並ぶショッピングセンターでは味わえない楽しさである。

このように、中崎町はそもそも「収入増大のチカラ」とは無縁の街であったが、都心に近いながらも家賃が安く、開業資金も節減できるといった「費用節減のチカラ」が高かったのみならず、何より懐かしい昭和の街並み、古い長屋やアパート・古民家が醸し出す味わい、多くの路地空間がもつ隠れ家性（探検性）など、「付加価値増大のチカラ」を増大させる多くの要素を備えていたことが、この街に立地創造が生じたカギであったといえる。これら付加価値増大に絡む要素が、こだわりの強いオーナーたちを引き寄せ、そのオーナーたちが開業した個性的な店舗群が多くの人々を引き寄せてこの街に「収入増大のチカラ」を生み出したのである。

近年では、中崎町に創造された収入増大のチカラを求めて（立地選択して）、新たな店舗が立地していく循環もできつつある。このプロセスは、のちの第5章で述べる「集積の効果」そのものである。

6 立地創造が生じる要件

ところで、このような立地創造は、あくまで立地主体である企業（商店）の側からの働き掛けによって新たな場所のチカラ（収入増大のチカラ）を創造しようとするものである。しかし、もし地域（街）の側が仕掛けて街の付加価値を高め（増幅させ）、企業にとって魅力的な場所に変貌させることができたならどうであろうか。おそらく、そこには賑わいや経済的な活力が沸き起こることであろう。つまり、立地創造という概念は、視点を変えれば「地域活性化」や「まちづくり」ときわめて関係が深いものだといえる[12]。

筆者が管見したところ、大都市の裏通りで立地創造が顕著に見られる場所には以下のような共通性を見いだすことができた。これは、立地創造が生じている場所の特性であり、いわば地域の側が立地創造を誘発させることができる場所の要件でもある。

①既存商業中心地（繁華街）の周縁部（外側）に位置する非商業エリア
②都市内交通（地下鉄など）が至便なエリア
③家賃が割安なエリア
④雑多な小規模不動産が多く存在するエリア（大規模な再開発が入りにくい低層住居専用地域）

⑤歴史的に古い建築物や街並み（路地含む）が多く残るエリア
⑥多様な創作活動（アート）の舞台となりうるエリア

たとえば、先に述べた裏原宿の場合は、①原宿通りや表参道に隣接し、そこから人を誘導できる位置にあった。②山手線の原宿駅と地下鉄の表参道駅に挟まれたエリアで交通利便性に富み、来訪者のアクセスがよい。③都心の一等地でありながら裏通りの住宅街であったため地価・家賃の割安度が大きかった。④個人所有の小規模住宅やアパートが多く、それらの小規模物件を改装した個性的な店舗が造りやすかった。

大阪のアメリカ村の場合も、①ミナミの繁華街（心斎橋）から御堂筋を一本隔てただけの回遊可能な位置にあり、②地下鉄の駅からも非常に近く、③裏通りの事務所・倉庫街であったことから家賃も安く、それが若い古着ショップなどのオーナーたちを惹き付けた。さらに、④古い小規模ビルや倉庫が多かったため、それらの外装や内装にアメリカの西海岸風の装飾を施しやすく、その結果として独特のポップな街並みが形成されたのである。

---

(12)　裏原宿や中崎町などに開業した商店のオーナーたちのなかは、街には住まず、ほかの場所から毎日店舗に通う人も多い。そのため、周辺住民と商店のオーナーとの距離が遠くなる傾向も見られる。街の新・旧の住民が、いかにして一つになって街を活性化させるか、それが立地創造型のまちづくりの課題といえる。

⑤は裏原宿やアメリカ村には該当しない要件であるが、大阪の中崎町《なかざきちょう》や神戸の旧居留地、そして栄町（乙仲通り）エリアなどの他の街での立地創造においては、この要件が大きく影響したと見てよい。むしろ、①や②の条件が多少悪くても、⑤の条件が良ければ立地創造を仕掛けることは可能ではないかと筆者は見ている。というのも、それは歴史的な建築物や街並みが⑥の多様な創作活動の舞台となる可能性を秘めているからである。

では、⑥の多様な創作活動とは何かというと、それは絵画や造形といった狭義のアート系の創作はもちろんのこと、新しいファッションや独創的な雑貨、個性的な料理やデザート、ヘアメイクなどといった幅広い創作活動をさす。それに取り組む人々は、日頃から自分たちの創作の場としてふさわしい場所（舞台）を求めているが、⑤はそのような人々（建築家も含む）を惹き付ける重要な要素である。

裏原宿や中崎町、そしてアメリカ村も、多様な創作活動の舞台となったことが立地創造へとつながった。そのような創作家たちが開業した個性的な店舗やカフェが、立地創造の草分けとなったことも少なくない。

それは海外でも同様で、ニューヨークのソーホー地区はいまやアートが溢れるお洒落な商業地区として知られるが、もともとは衰退した古い工場・倉庫街であり、芸術家たちが家賃の安い倉庫跡などを住居兼アトリエとしてさまざまな創作活動を始めたことで場所の付加価値が増大し、一帯に洒落たカフェやバー、個性的な衣料品店などが立地していった経緯がある。このように、一時は衰退しきった街が場所のチカラを再生する（立地創造が進展する）プロセスで、⑤や⑥の要素が重要な役割を果たしたケースは枚挙にいとまがない。場所のチカラの創造と創作活動（アート）との間には、非常に緊密な関係があるといえる。

以上は、都心の裏通りにおける立地創造の要件であるが、都心から離れた場所や地方の中小都市では①や②の要件が整わない場所も多かろう。しかし、⑤や⑥の要件が備わっていれば、地域の側からの働き掛けで何らかの立地創造が仕掛けられる可能性があると考えられる。その場合、重要となるのは、⑤に価値を見いだし、そこで⑥の多様な創作活動を行う人々をいかに多く持続的に惹き付けられるかを考えることであろう(13)。

(13)　多様な創作活動の場としての魅力とは何か、それはどのようにして増大させることができるのか。これらの問題については、現在のまちづくり論のなかでは議論が遅れている部分であり、今後の議論の深まりが望まれる。

第2章

競争の視点から立地を考える

〈1〉アイスクリーム屋台の立地競争

序章で述べたごとく、立地論は空間構造への関心が高かった分、立地主体（企業）の側の空間ダイナミズムへの関心は比較的弱かった。それゆえ、全体として見ると、古典的な立地論は企業間「競争」の影響を十分には取り込めてこなかった。しかし、企業は常に競争状態に置かれているものであるから、最適な立地もいわば競争相手との位置関係で決まってくる。競争相手を避けて立地する場合もあるだろうし、競争相手にわざと近接する立地もあろう。つまり、競争状態における「最適」な場所は、競争相手との駆け引きの影響を受けることになる。

そのようななかにあって、このやや複雑な問題の理論研究に大きな貢献を果たした学者が、ホテリング（Harold Hotelling,1895～1973）というアメリカの数理経済学者である。

発端は、「寡占競争下で、価格が安定した均衡解は得られるかどうか」という経済学的な命題を巡る論争であった。つまり、簡単に言えば、同じ商品を販売する業者が市場競争をする場合、もし業者の数が少数（寡占競争下）であるなら顧客は価格の安いほうの業者を選択するために価格競争（値下げ競争）が生じ、その商品の価格は常に不安定になって均衡（安定）しないと考えられていた。また、その際には、価格の安いほうにすべての客が流れ、高いほうは収入がゼロとなってしまうとも考えられていた。一九世紀半ばから二〇世紀初期にかけての長い間、これは定説として受け入れられていた。

しかし、ホテリングは、その論理には重大な欠点があることに気がついた。つまり、そのような従来の経済学でいう「市場」とは、長さも幅もない「点」として扱われてきたという欠点である。そこで彼は、より現実的な「空間の視点」を取り入れて、たとえば直線的な市場（消費者が均等に分布する直線で、「ホテリング線分」と呼ばれる）において二者間で競争をしている場合は、一方の業者が価格を多少安くしても、その業者の店から遠く離れている消費者は多少高くても近いほうの店で買ってしまう（店へのアクセスに余計な負担が生じてしまうから）ことに目を付けた。そう考えると、この二者間の競争では価格の安いほうにすべての客が流れるのではなく、価格と消費者の移動距離との二つの要素から二者の収入が「均衡」する点が存在することになる。

こうして、ホテリングは「寡占競争下では均衡解はない」という従来の定説を崩すことに成功した。彼は、一九二九年にこの理論研究を「Stability in Competition（競争状態における安定）」と題する論文にまとめている。(1)

（1）Harold Hotelling, Stability in Competition, *The Economic Journal*, Vol.39, No.153. 1929, pp. 41-57.（翻訳としては田渕隆俊訳「競争の安定性」下総薫監訳『都市解析論文選集』所収、古今書院、一九八七年がある）

ここでは、このホテリング論文には深入りしないが、彼はその論文のなかで店舗位置が固定された状態で価格だけが変化していくケースのみならず、店舗の位置が変化した際に両者の収入がどう変化して均衡点に達するのかという問題も考えている。この後者の店舗立地と市場均衡の問題が、ほかの多くの学者たちの関心を引いたとされる（下総薫監訳『都市解析論文選集』古今書院、一九八七年、二ページ）。

ホテリングの論文はその後も多くの学者たちが解説しているが、そのなかで一番興味深い解説を行ったのは都市経済学者のアロンゾ（W.Alonso）であろう(2)。アロンゾは、「直線市場（ホテリング線分）」の実例として、浜辺で一列に並んで日光浴をする海水浴客の集団に着目した。そして、その海水浴客にアイスクリームを売る移動屋台を例にとってホテリングの競争モデルを解説している。その具体性と分かりやすさから、今ではホテリングの原著よりもアロンゾの「浜辺のアイスクリーム屋台問題」のほうがよく知られる（言うまでもなく、ホテリングの論文にはアイスクリーム屋台の話は出てこない）。

このアロンゾのアイスクリーム屋台問題とはどのようなものなのか、次に具体的に紹介してみたい。

〈2〉京都・鴨川べりのアイスクリーム屋台問題

　ところで、アロンゾの浜辺の事例は、浜辺で一列に並んで日光浴をすることをしない日本人にはピンと来ない面もある。そこで、ほかに直線市場のいい事例はないかと探してみたところ、意外な場所で同じ光景を見つけることができた。それは、京都・鴨川べりに腰を下ろすカップルたちの成す列であった。ここでは、アロンゾの「浜辺」を「鴨川べり」に置き換えてホテリングの理論を解説してみよう。

　さて、京都の中心部を流れる鴨川のほとりに腰を下ろすカップルたちの風景は、古都の名物の一つともなっている。買い物客や観光客が行き交う四条大橋や三条大橋の上から見ると、そのカップルたちの列はきれいな一直線を描き、かつカップルはきわめて規則正しく等間隔に並んで（均等に分布して）いることが分かる。これぞ、まさしく「ホテリング線分」である。

　ただし、カップルたちが腰を下ろす土手はいわば鴨川の中洲のような場所であって、三条大橋

（2） William Alonso, Location Theory, in John Friedmann and William Alonso(ed), *Regional Development and Planning* : A Reader , The M.I.T.Press, 1964, pp.78-106.

と四条大橋のたもとからは出入りができるが、それ以外は陸とは接しておらず孤立している。川のなかの土手であるため、商店はおろか自動販売機すらない。トイレも困るが、喉が渇いても何も買えないことがカップルたちの悩みの種となっている(3)。

ここからは仮想の話なのであるが、しばらくお付き合いを願いたい。

新緑のさわやかな季節を迎えたある日、四条大橋の上からこの鴨川べりのカップルたちを見下ろしていたAさん。彼は、かつて自分も恋人と土手の上に腰を下ろしていたときのことを思い出しながら眺めていたが、ふと「そうだ！土手の上には何も買う店がないので、アイスクリームの屋台でも出せば儲かるのではないか」

鴨川べりのカップルの列（写真提供：空間創造研究会）

と思いついた（現実には商売の許可は下りないであろうが）。

さっそくＡさんは、自転車の後ろの荷台にクーラーボックスをくくりつけただけの簡単な屋台をつくり、アイスクリームを売り始めた。予想通り、Ａさんのアイスクリームは飛ぶように売れた。嬉しくなったＡさんは、友人のＢさんにそのことを自慢した。

それを聞いたＢさんは、「それじゃあ、オレも同じ商売をやろう」と密かに思い、Ａさんと同様の屋台をつくって、翌週から鴨川べりでカップルたちにアイスクリームを売り始めた。アイスクリームはＡさんから聞いた問屋から仕入れたので、ＡさんとＢさんとはまったく同じ商品を同じ価格で売ることになった。

うっかり自慢話をしてしまったことからＡさんには思わぬ競争相手ができてしまったが、同じ商品を同じ価格で、しかも同じ手法で売るのなら、Ｂさんとの競争は「いかによい立地を確保するか」という競争になる。それからは、二人の熾烈な場所取り合戦が鴨川べりで始まったのである。

（3）　三条大橋のたもとには公衆トイレがあるが、三条大橋と四条大橋との間は五〇〇メートル近くあるため、うっかり四条大橋側に腰を下ろすと面倒である。

〈3〉場所取り合戦の結末

この直線市場で、AさんとBさんが展開する「場所取り合戦」のプロセスを**図2―1**を見ながら考えていきたい。ただし、この競争（ゲーム）の前提は以下のごとくである。

・商品は同質で価格も販売手法も同じ。
・自転車の屋台であるため移動コストはゼロ。
・顧客はみんな同じ量（同じ価格）の購買をする。つまり、客単価は同額。

このような仮定のもとでは、売り上げは純粋に顧客の数で決まる。すなわち、顧客が均等に分布するホテリング線分上においては、AさんとBさんがそれぞれ確保できた直線市場（商圏）の空間的大きさ（長さ）で収入額が決まるということである。

図1―a：Bさんが参入する以前のもので、市場はAさんの独占状態である。この場合は、どこに屋台を立地させてもAさんの売り上げは変わらない。

図1―b：そこにBさんが市場参入したときの図である。AさんもBさんも適当な位置に店を出したが、二人の市場の境界は二人の中間点Mとなるため、Aさんは売り上げが急減した。

図２－１　立地競争プロセス

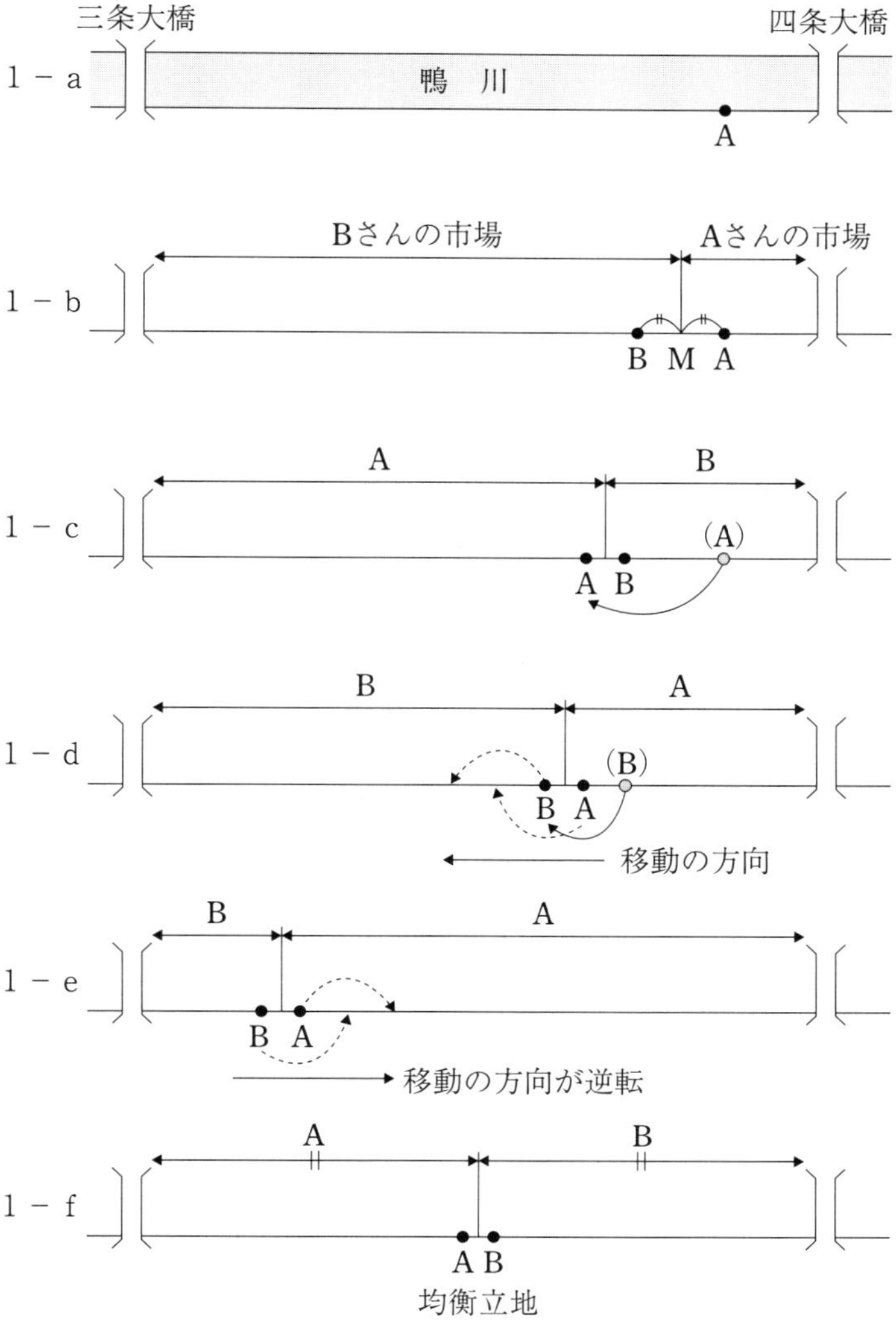

図1—c：Aさんが挽回を考えてBさんの左側に移動した図である。この移動により、今度はBさんが顧客の多くを失ってしまった。

図1—d：BさんがAさんの左隣の位置に移動することで再度逆転を狙うことにした図である。こうして、AさんとBさんは、相手の左側の位置をとることをめざして目まぐるしく立地移動を繰り返し、二人は三条大橋に向かって移動していった。ところが、AさんもBさんもしばらく移動を繰り返すうちに、ふと後ろを振り返り「どうも今の自分の位置は三条大橋に寄りすぎていて、これ以上、相手の左側に店を出すことが必ずしも有利ではない（かえって商圏を狭くする）のではないか」と気がつく。

図1—e：そこで、今度は二人が逆に相手の右側（四条大橋側）の位置を狙って競争を始めた図である。しかし、やはりしばらくすると、今度は右側よりも左側のほうが有利な位置だと二人が気がつき、再び三条大橋側に向かって移動をし始める。

こうして、まるで振り子のように二人が有利な位置をめぐって左右に移動する競争が続いたのである。ただし、二人の行動には次第に学習効果が生じてきて、自分の位置が本当により広い商圏が確保できる位置かどうかを確かめながら移動するようになる。そのため、だんだん早めに競争の向きが逆転していくようになり、左右への移動の幅が次第に小さくなって（振り子の揺れが小さくなって）いった。

図1—f：この二人の競争（振り子の揺れ）が最終的に落ち着く位置（静止する地点）である。要するに、二人はまん中に並ぶように立地することで利益を等しく分けあうこととなる。このように、競争の結果たどり着いた二人の利害が一致する（均衡する）立地点は「均衡立地点」と呼ばれている。

換言すれば、二人はこの位置から動けなくなる。つまり、この位置から動くと損をすることになるのである。というのも、仮にAさんがBさんと隣同士に並ぶことを嫌って相手との間に距離を開けると、Bさんは中間にできた市場を獲得しようと隣に移動してくるのでAさんは市場を少し奪われてしまうことになる。それを挽回するためには、AさんはBさんを挟んだ逆隣の位置に移動しなければならないので、再び**図1—c**以降の状態（不均衡状態）が繰り返されることになり、結局は再び中央に並ぶ状態で均衡に達するのである。つまり、これ以上移動しても「くたびれ儲け」に終わる位置といえよう。

この二人の競争の結果もたらされた均衡状態は、現代の経済学をはじめとする広範な分野で注目を集める「ゲームの理論」でいうところの「ナッシュ均衡」である。ゲームの理論は、数学者ジョン・フォン・ノイマン（John von Neumann,1903～1957）と経済学者オスカー・モルゲンシュテルン（Oskar Morgenstern,1902～1977）によって一九四四年に出された『ゲームの理論と経済行動』によって世に知られるようになったが、ホテリングは一九二九年の論文ですでにその一部を考えていたことになり、ホテリング論文の先駆性を感じさせるものとなっている。(4)

4 社会的な最適立地をもたらす「規制」と「談合」?

ところで、この立地競争の結果に従うなら、鴨川べりのアイスクリーム屋台は四条大橋と三条大橋の中間点に二軒並んでしまうことになる。確かに、それは競争をしている業者たちにとっては互いに自己の利益が最大となる地点なのであるが、消費者である土手のカップルたちからすればきわめて不合理な立地となる。というのも、この四条大橋と三条大橋の間の距離は五〇〇メートル近くあるため、土手の端のほうに腰を下ろしたカップルが中央に位置するアイスクリームを買おうとすると、片道二五〇メートル、往復で五〇〇メートルの移動(コスト)を強いられるからである。「同じ商品を売る屋台が、どうしてわざわざ中央に二軒並ぶの?」といったカップルのボヤキが聞こえてきそうである。

そこで、今度はカップルたちの視点から一番合理的な立地を考えてみると、**図2—a**のようになる。これなら、土手の一番端に腰を下ろしたカップルでも最大一二五メートル歩けば屋台にたどり着き、移動距離(コスト)は半分になる。

図２－２　最適立地（配置）

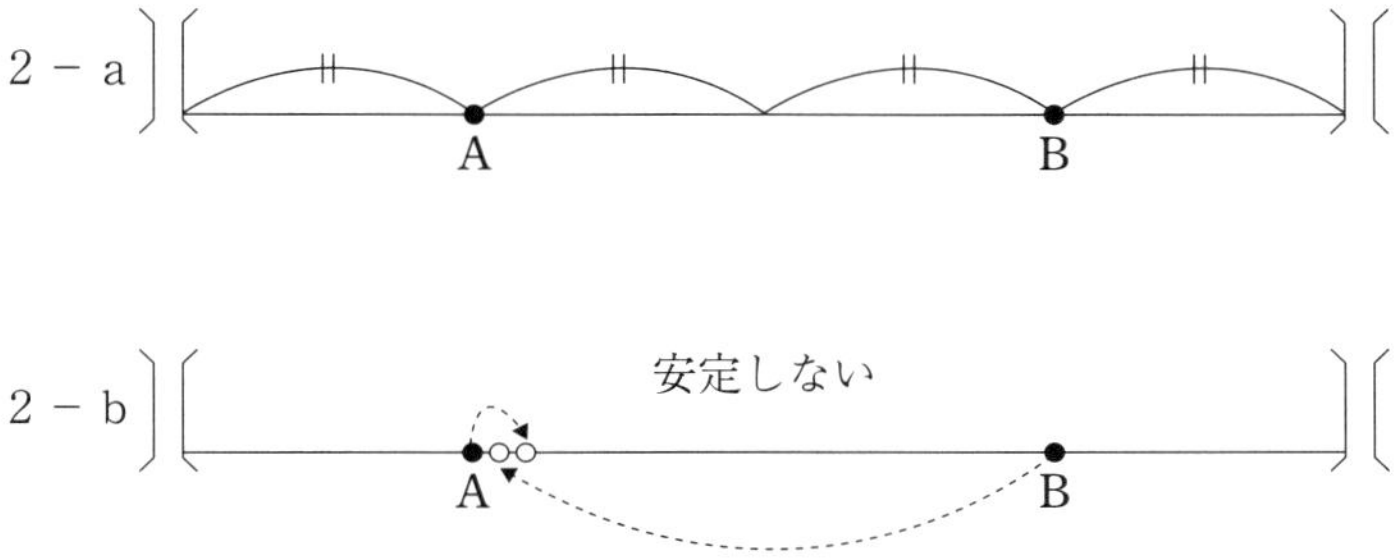

このように、消費者の側あるいは社会的な効率性や平等性の視点から見てもっとも合理的な立地点を「最適立地点」という。この場合は距離が市場の大きさを表すため、結果的にAさんとBさんは「最適立地」に位置しても利益を平等に二分割できるので、この立地は消費者側にも業者側にも合理的なものとなっている。

先述の「均衡立地」は、企業間の自由競争の結果もたらされたものである。では、この「最適立地」はどうすれば生まれるのであろうか。「最適立地」だと、AさんとBさんとの間には二五〇メートルの市場が存在することになる。したがって、放っておくと二人がその市場を奪おうとして立地移動してしまうであろう。つまり、**図２―b**のように、たとえばBさんが二人の中間に広がる市場を独占しようとしてAさんの右隣に移動してしまうのである。そうなると、AさんはBさんの右側に移動することになって、再度、立地競争が始まることになる。要するに、**図１―c**（八九ページ）以降で示した立地移動が繰り返されて、結局は「均衡立地」に収斂してしまうのである。

では、この二人が距離を開けたままで屋台を立地させる「最適立地」状態を維持するためにはどうすればよいのであろうか。

実は、この問題の答えは意外なものになる。まず、この場合の最適立地への道は二つのパターンが考えられる。一つは、誰かが「現在の位置から動くな」と二人に強要することで、いま一つは、二人の業者同士で「これ以上動かないでおこう」と取り決めをすることである。

前者の場合、二人に強要する力の存在が問題となる。たとえば、政府という権力者が出店位置を規制する法律をつくるというのもその一つであろう。もちろん、アイスクリーム屋台の立地ごときで法律はできないであろうが、社会的な効率や平等を保つためには「法的規制」が必要になる場合もあるということが重要である。

また、後者の場合は、二人が競争を回避して相互の利益を分けあうことである。これは、業者間の「協定」であるが、競争を回避して利益を分けあうという意味では広義の「共謀」や「談合」ともいえる。(5) この事例は、社会的な効率性や平等性を保つためには、このような業者間の協定が必要になる場合もあることを示している。

このエピソードで重要なことは、消費者に負担を強いる「均衡立地」は自由競争の結果としてもたらされ、社会的効率や平等性をもたらす「最適立地」は規制や協定・談合の結果としてしかもたらされない、という結果になってしまうことである。近年の規制緩和ブーム以降、規制を「悪だ」と頭ごなしに考える風潮も強いが、このホテリングの立地競争モデルは、場合によっては規制や業者間の協定が必要となることを暗示している点が興味深い。

5 「立地適応」による立地の最適化

ところで、このアイスクリーム屋台問題はあくまで数理的なゲームであったが、これを企業経営の視点から再度とらえなおしておきたい。

前述のアイスクリーム屋台は、競争の結果「均衡立地」状態に到達した。しかし、すでに述べたように、均衡立地点はこれ以上動くと不利になる場所である。したがって、立地競争が均衡状

（４）　厳密には、ノイマンは一九二八年にゲームの理論の基となる短い論文を発表している。なお、この事例では二者競合を取り上げたが、三者競合や四者競合ではどのような均衡立地が生まれるのかという興味深い問題については、岡部篤行・鈴木敦夫『最適配置の数理』（シリーズ現代人の数理３、朝倉書店、一九九二年）などを参照のこと。

（５）　わが国で近年問題となっている「談合」とは、一般には公共工事の競争入札による値下げ競争を回避（妨害）して高い工事代金を得ようとすることを指す。

表２－１　立地を固定した場合の競争手段

商品に関して	●商品（アイスクリーム）の品揃えを増やす。 ●新しいオリジナル商品を開発する。
価格に関して	●価格を下げる。 ●臨機応変に値引きをする（タイムサービスなど）。
販売手法・広告に関して	●おしぼりなどの「おまけ」を付ける。 ●カップルに宣伝のチラシを配って回る。

態に達すると、今度は立地＝場所以外の要素が経営にとっては重要となってくる。⑥そもそも、モノを売ろうとする企業にとっては、基本的にはアメリカのミシガン州立大学教授であるマッカーシー（Jerome McCarthy）が提唱した「マーケティングの４Ｐ」が重要となる。

つまり、①どのような商品（Product）を、②どのような価格（Price）で、③どのような販売手法・広告（Promotion）によって、そして④どのような場所（Place）で売るのか、という問題である。要するに、何かを売ろうとする企業にとっては、この四つの要素の組み合わせ（マーケティング・ミクス）が重要なのであって、立地＝場所だけですべてが決まるわけではない。つまり、場所（Place）の要素が固定された状態であるなら、今度は商品（Product）、価格（Price）、販売手法（Promotion）の三要素を考える必要が経営・マーケティングの課題として浮上するのである。

では、二人が並んだ状態の「均衡立地」のままでAさんとBさんが競争をするとしたらどうなるであろうか。考えられる答えは多数あろうが、そのいくつかを示すなら**表２―１**に挙げたようなことが考えられる。

このように複数の同業者が同じ商圏内で競争をすることは、むしろ現実世界では非常にポピュラーなものであろう。経営の視点からとらえれば、こちらの競争のほうが重要である。そこでは、経営と場所の問題は立地（場所）を前提としたうえでの経営対応を考えることを意味する。つまり、前章で検討した「立地適応」という戦略的方向は、競争状態下にあって重要性を増すことが分かるのである。

以上、「最適な立地」とは何かについて考えてきた。まとめてみると、以下の三点が明らかとなる。

❶企業の競争利害から見た「最適な立地（均衡立地）」と、社会的（地域的）な公正さの視点から見た「最適な立地（最適立地）」とは必ずしも一致しない。

❷社会的な公正さや効率を配慮した「最適立地」が成立するためには、規制や業者間協定といっ

（6）　立地が固定された場合の価格の均衡はどうなるのかについては、ホテリング（一九二九年）はその場合も均衡価格が存在することを示しているが、のちにダスプレモンほか（一九七九年）は競争者が近接する場合は均衡価格（解）が存在しないことを示している。d'Aspremont,sC.,Gabszewicz,J.,Thisse,J. "On Hotelling's Stability in Competition", *Econometrica*, Vol.47, 1979, pp.1145-1150.

たことも必要となる場合がある。

❸競争状態下での立地を考えるにあたっては、空間的な位置取り（立地の選択）の問題だけではなく、立地移動を行わない立地適応の問題にも目を向ける必要がある。

第3章

集中化・分散化の視点から立地を考える

〈1〉 地震がもたらした教訓

製造企業にとっては、一つの製品を一か所で集中的に生産するか、多地域に分散させるか、あるいは一つの部品を一か所（一企業）から集中的に調達するか、複数企業に分散させるかという問題はきわめて基本的で重要な問題となる。しかし、この問題はそう単純なものではない。

二〇一一年三月一一日、宮城県沖の海底を震源地とする大地震（マグニチュード9.0）が発生し、それに伴って生じた大津波と福島の原子力発電所の事故が重なって深刻な被害をもたらしたことは周知の通りである。ところが、この震災は思わぬところに飛び火した。すなわち、この震災からほどなくして、全国の自動車メーカーの生産ラインが次々と停止していったのである。

その理由は、自動車用のマイコン[1]を製造していた工場が被災したことであった。近年の自動車は、エンジンやブレーキ、エアコンなど多くの部分をマイコンで制御している。一台に使用されるマイコン数は、中型車で三〇～五〇個、ラグジュアリー車に至っては七〇～一〇〇個にも達している。

マイコンには、「汎用マイコン」と呼ばれる、いわばどこのメーカーの製品を使っても同じ性能が得られるものも多いが、その一方でユーザーの求めに応じて特別に開発されたマイコンもあり、自動車のエンジンやブレーキなどに組み込まれるものがそれにあたる。これらは各自動車メーカーが設計に関与したもので、燃費や馬力、ブレーキ性能などを決定づける自動車メーカーの機密が詰まっており、他のマイコンメーカーの代替品で間に合わせることはできない。

北関東から東北地方にかけては、自動車のみならず家電、携帯電話、ゲーム機などに組み込まれるマイコンの一大生産地であり、東北では全製造業出荷額の四五〜五〇パーセントを占めていた。[2] そこを直撃したのが東日本大震災であった。

（1）マイコンとは、超小型演算装置（ＣＰＵ）であるＭＣＵ（Micro Processing Unit）と、それにメモリや周辺回路などを組み合わせたＭＣＵ（Micro Control Unit）の総称。

ルネサンスエレクトロニクス社の自動車用マイコン

図３－１　自動車の電装部品の供給構造

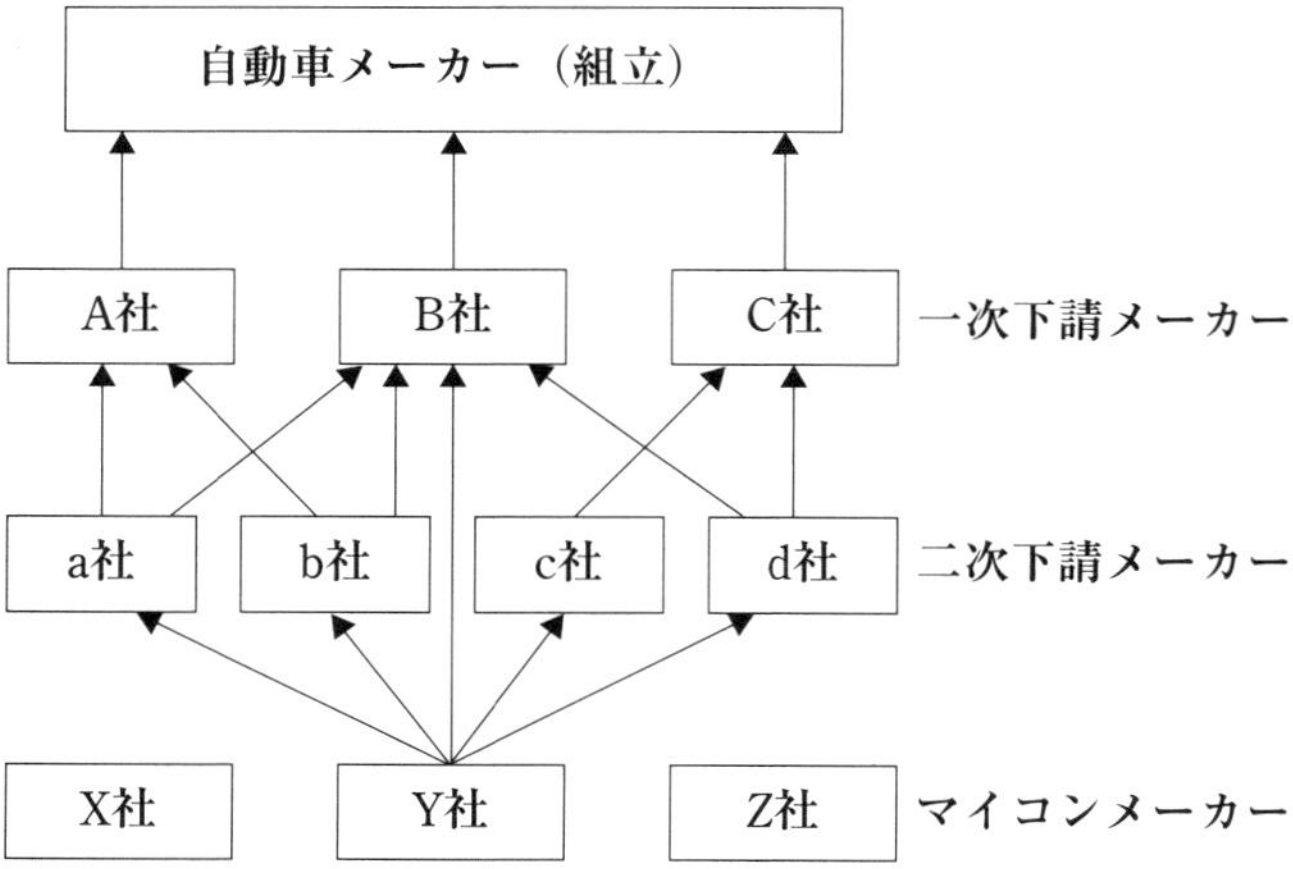

出所）湯之上隆（2011）36頁の図１を筆者改変。

　今回のマイコン生産停止の影響をもっとも大きく受けたのはトヨタであった。実は、トヨタは近年リスク回避の観点から、震災前からデンソーに集中していた電装部品の発注先を複数の下請けメーカー（一次下請け）に分散させてきた[3]。にもかかわらず、震災後はそれらの部品メーカーからの供給がストップしてしまったのだ。その理由は、**図３―１**に示すように、一次下請けに基幹部品を納入するすべての二次下請けがマイコンをルネサンスエレクトロニクス社[4]（以下、ルネサンス）のみから調達していたからである。つまり、トヨタが知らないうちに、サプライチェーンの川上でマイコン調達の一極集中が生じていたのである。

　そのルネサンスの主力工場は茨城県の那珂《なか》

工場（ひたちなか市）にあったが、そこが大きな被害を受けた[5]。トヨタの大誤算であったといえるが、これによりトヨタは電子制御噴射装置やＡＢＳシステム[6]など重要な部品が入手できなくなり、生産を停止せざるを得なかった。もちろん、ホンダや日産でも同様の事態に追い込まれた。各社の下請けもルネサンスの那珂工場にマイコンを依存していたからである。

ルネサンスは国内に複数の工場をもっているが、自動車用マイコンの生産は震災後も他工場に移転できなかった。というのも、自動車メーカーにとってマイコンは最重要部品であるため、製

（2）（財）東北活性化研究センター「東北地域における組み込みシステム産業の振興方策に関する調査」二〇一一年三月より。

（3）たとえば、電子制御燃料噴射装置については一九九七年に七四パーセントだったデンソーへの依存度を二〇〇七年には四三パーセントに、ＡＢＳについては同六四パーセントのデンソー依存度を同一・七パーセントにそれぞれ減らした。

（4）二〇一〇年にルネサンス（日立製作所と三菱電機が合併）とＮＥＣエレクトロニクスが合併した巨大半導体メーカー。

（5）同時に、マイコンの基板に使うシリコンウエハーのメーカーが被災したことも影響を拡大した。震災の際には、この分野で世界シェアトップ（三六パーセント）である信越化学の拠点であった白川工場（福島県）と、同二位（同二九パーセント）であるＳＵＭＣＯの米沢工場（山形県）が停止した。

（6）アンチロック・ブレーキ・システムのことで、急ブレーキを踏んだりスリップした際に、ハンドルがロックされて自動車が制御不能となることを防ぐシステム。

造装置や製法、そのプロセス管理などをメーカー側が認証したラインでしか生産が許されていなかった(「ライン認証」と呼ぶ)からである。この結果、生産地点が地理的に集中・固定化されてしまい被害が大きくなったのである。

結局、一つの部品供給が止まったことで、トヨタは国内だけでなく世界中の工場で大幅な減産や生産停止に追い込まれ、四~六月期に世界で八〇万台もの減産を余儀なくされた。今回の混乱は、マイコンの生産拠点である地域が被災したことに加えてライン認証問題がアダとなって生じたことであるが、地理的な「集中化」がもたらすリスクの怖さが改めて証明されたことになる。

各自動車メーカーは、震災後はこれまで十分に管理していなかった二次下請けの素材や部品の調達先も管理するようになった。また、地域的な分散化によるリスク分散の視点も重視されるようになり(7)、サプライチェーンの組み直しが進められている。

ところで、東日本大震災はルネサンスだけでなく他の半導体メーカーや素材メーカーにも分散化を迫った。しかし、そもそも国内の特定工場に生産を集中させていたのは、それらの製造技術の機密性が高かったからにほかならず、それを海外に分散させると技術漏洩のリスクが生じてしまう(第1章2節参照)ことになる。このように、分散化は簡単には進まない面もある。

2 タイの洪水が教えたグローバルな集中化のリスク

二〇一一年は、三月の大震災のほかに、もう一つ日本の製造業の立地問題を再考させる大事件が生じた。それが一〇月から一二月にかけて起きたタイでの洪水であった。これは、グローバルな集中立地がもたらすリスクの問題を提起した。

タイでは河川の氾濫は珍しくなく、緩やかな洪水が繰り返し生じることを前提に生活が営まれている。しかし、二〇一一年はもともと雨が多かったところに八月から立て続けに来た台風の影響もあり、上流にあるダムでの調節が効かなくなって、下流地域に大量の水が押し寄せた。その結果、**図3―2**に示したチャオプラヤ川左岸の七つの工業団地が次々と浸水していった。この洪水は、排水に手間取ったこともあり一〇月から一二月までの約三か月にわたって続いた。

タイの工業団地には日系企業の工場が集中しており、七つの工業団地もそこに立地する計八〇

（7）分散化は、大きな費用が必要となるため簡単ではない。実際、ルネサンスはその後システムLSI事業の業績が悪化して経営難に陥り、生産効率化のためにマイコン生産を那珂工場に集中させるという逆の戦略をとらざるを得なかった。なお、同社のシステムLSI部門は、赤字のための二〇一三年度中にパナソニック、富士通の同部門と統合されることになった（産経新聞、二〇一三年一月四日付）。

図３－２　2011年タイ大洪水時の工業団地浸水状況

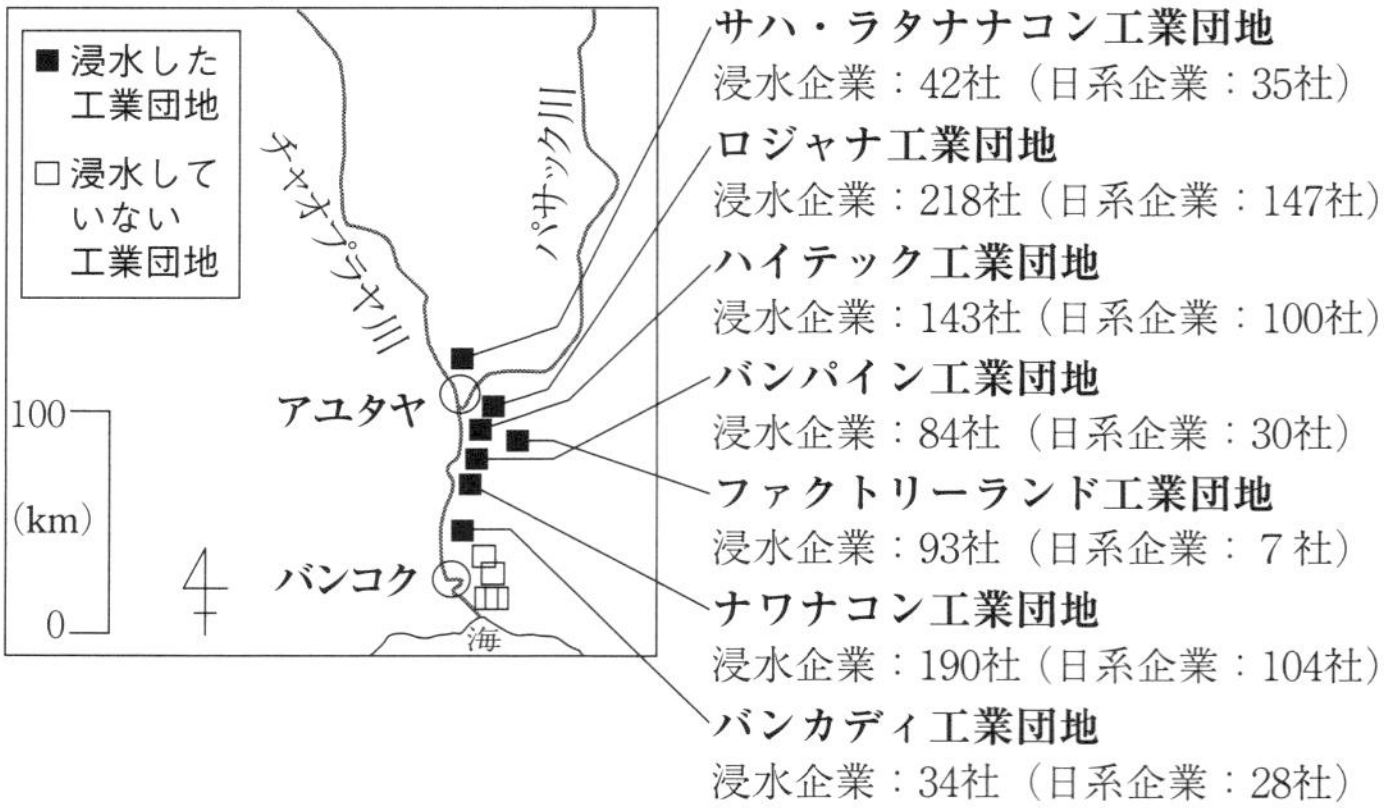

出所）東大生産技術研究所沖研究室「2011年タイ国水害調査結果（第4報）」（記者会見資料）を改変。

四の工場のうち四九九工場が日系であった[8]。とくに多かったのは、自動車部品を製造する工場と家電関係、そしてハードディスクを製造する工場であった。

　この洪水の結果、東南アジアの自動車生産の拠点であるタイでの日本車生産はすべて停止し、家電生産や食品生産も停滞した。のみらず、日本への自動部品供給やデジタルカメラ用のハードディスク供給が停止した。浸水が二〜三か月と長期にわたったため、生産設備をすべて失った工場も少なくなかったし、工場が閉鎖されている間に熟練工員が他企業に流出してしまったところもあった。

　大震災からようやく立ち直りかけた自動車産業はまたもや打撃を受け、さらにＰＣ用やデジタルカメラ用のハードディスクが日本で品薄になって価格が上昇したり、デジタルカメラが品切れを起こしたりもした。この事態を受けて、日系自動車メーカーや家電メーカー各社は、タイ国内の工場を高台の工業団地に移転したり、タイに集中していた部品生産を周辺諸国に分散させるという方向に転換した。

製造業のグローバル展開というと、各企業が世界の中から自社に最適な場所（立地点）を探索して国内拠点をグローバルに分散化させていくというイメージもあるが、実際には自動車関連企業がタイに集中したように、あるいは特定の工業団地に日系企業が集中したように、海外で新たな集中を生じさせてリスクを高めていることも少なくない。今回の洪水は、改めて製造業のグローバル化の実態を露わにした点が重要だといえる。

（8）　タイに日系企業が集中したのは、タイの立地環境（タイ政府の優遇措置や政治的安定、雇用環境、コスト環境など）のよさもあるが、政府や民間の手で工業団地の開発が進んできたことも大きい。現在、タイには六〇か所もの工業団地があり、そのなかには日本の総合商社が出資して開発したり（ロジャナ工業団地など）、販売に商社や日系不動産企業がかかわった工業団地も多い。そのような日系工業団地では、日本人向けの施設が揃っていたり、現地で操業するための手続きや輸送、輸出など、さまざまな世話を商社や日系企業が行ってくれるため、中小企業も進出しやすい環境が整っている。そのような団地が洪水の被害を被ったことも、日本企業へのダメージを大きくしたといえる。詳細は、市來圭（二〇一二）「東南アジアの工業団地に関する概況と制度」『REPORT』（共立総研）、No.146、二五～三〇ページなどを参照のこと。

〈3〉チャイナ・プラス・ワン

洪水によってタイから脱出する企業が増えるかと思いきや、一年も経たないうちにタイには日系企業が殺到する事態となった。その理由は、二〇一二年秋に中国で生じた反日暴動である。

尖閣列島の領有権を巡る日中の対立が背景にあることは周知の通りであるが、もともと近年の中国では賃金上昇が激しく、中国の日系企業では待遇改善を要求する労働者とのトラブルも頻発していた。そこに、この反日暴動が生じ、日系工場ではこれに便乗した労働者の職場放棄も増えた。それでも、世界的に見れば中国は生産拠点としても市場としても優位性が高いわけだが、とりあえずは中国への過剰な集中を緩和して、リスク分散を図ろうとする動きが活発となった。

中国への集中は、そのコストの安さに惹かれた多くの企業によって一九九〇年代の後半から進んできた。同じ機能を有する施設を何か所も造るよりも一か所にまとめてしまえば、何かと効率がよいことは自明の理である。二〇〇〇年以降には、量産部門だけでなく設計部門や開発部門までを中国に移す企業が増えていった。その結果、中国への過剰集中が進んでしまったわけである。

とはいえ、中国の反日リスクについては、以前からもたびたび問題となってきた。反日暴動は二〇〇五年にも生じており(9)、その際にも「チャイナ・リスク」が注目され、中国に生産拠点を残しつつも、他のアジア諸国にも拠点を設けてリスク分散を図ろうとする動きが生じた。それが「チャイナ・プラス・ワン」という立地戦略であるが、尖閣問題でこれが急激に進展しつつある。

多くの日本企業がまず目を向けたのが東南アジアであった。タイでは古くから多くの日本企業が立地しており、生産環境も整っている。洪水のリスクはあるが、立地点を高台の工業団地にすれば問題はない。また、インドネシアは近年では政治的にも安定度が増し、人口も多く経済成長率も高いため市場としても有望視されている。さらにベトナムやミャンマー、カンボジアといった新興国は、インフラこそ貧弱であるが、何より中国よりも対日感情がよく、賃金も安いことから将来性が期待されている。

チャイナ・プラス・ワン戦略は、製造業のみならず、近年中国市場に進出してきた小売業や外食企業にも採用され始めている。(10) その結果、東南アジア諸国に日系企業が殺到する事態が生じているのである。

(9)　このときは、小泉政権下での歴史認識問題や靖国参拝問題が理由となっていた。

(10)　高島屋は二〇一二年末に上海に出店しているが、二〇一四年にはベトナムにも開業予定である。中国で五〇店舗以上を展開するイオンも中国投資を継続しつつ、東南アジアへの投資を加速化しており、カンボジア、ベトナム、インドネシアなどでの開店が予定されている。また、コンビニ各社も、中国市場とともに東南アジア市場への進出に積極的となってきている。

〈4〉商圏の集約化と分割化（大型店化と小型店化）

企業成長をめざすプロセスで、集中化を指向するのか、分散化を指向するのかという問題は、製造業だけの問題だけではなく小売業にとっても大きな問題である。つまり、商圏の規模や店舗の規模をどうするのかという問題である。

集中化＝集約化を指向するということは、広域商圏型の大型店を立地させることで成長していくことを意味し、分散化＝分割化を指向するということは、商圏を分割して狭域商圏型（地域密着型）の小規模店を多数立地させることで成長していくことを意味する。場所のチカラとの関係でいえば、集約化とは大きな場所のチカラを有する地点に投資を集中させて成長の大型拠点（極）をつくり出すことであり、分割化とは小さな場所のチカラを拾い集めて連結（ネットワーク化）することで成長をめざすやり方だといえよう。それゆえ、集約化は立地点の選択がきわめて重要となり、分割化は連結（シナジー）効果の最大化とその維持をめざした機敏な店舗リストラが重要となる。

さて、わが国の小売業の歴史を振り返ると、一九六〇年代末から一九七〇年代は駅前や中心商業地での百貨店や総合スーパー（ＧＭＳ）による大型店の立地が進み、一九八〇年代になると総合スーパーを中心とした大型店の郊外立地化も進んだ。さらに、一九九〇年代になるとホームセンターや家電など専門店の大型店化と、その郊外立地も進んだ。つまり、大型化（取引の集中化）の歴史が長く続いてきたのである。

この基底には、売り場面積の大きな店舗ほど多様な品揃えを可能とするため、より多くの顧客にとって魅力が増し、結果的に大きな集客力をもつ（多くの売り上げが期待できる）という考え方がある。したがって、面積の大きさを競うことが企業間競争となる傾向も強かった。

売り場面積が大きければ店舗の魅力も増し、顧客吸引力（売り上げ）が増大するという発想は、アメリカの古典的な商業立地モデルのなかにも見られる。その一つで、わが国の商業立地に大きな影響を与えている「ハフモデル」（一一二～一一三ページの**コラム3**参照）でも、商業施設（商業中心地）の顧客吸引力（確率）は売り場面積に比例し、居住地からの時間に反比例すると考えられている。

この売り場面積の大小で顧客吸引力を測るモデルについては批判もあるが、現在でも店舗規模（集中化、大型店化）のパワーが顧客を吸引するという感覚は根強く存在する。小売立地規制が、売り場面積の大きさを基準にして行われるのも同じ発想である。

この集中化＝集約化が小売業にとって重要な意味をもつことについては、商業論での議論が興味深い。商業論では、小売業の存在意義を「売買（取引）集中の原理」に求めている。つまり、

する確率である。これは、特定エリア内での商業地やSC間の競争関係を示すものでもある。この確率を顧客吸引の割合と解釈すると、住宅地の人口を基に各施設の顧客吸引数が算出でき、またそのエリアでの年間小売販売額を基に売り上げ予測も可能となるため、新規立地店の売り上げ予測にも応用されている。

$$P_{ij} = \frac{\dfrac{S_j}{T_{ij}{}^{\lambda}}}{\displaystyle\sum_{f=1}^{n}\left(\dfrac{S_j}{T_{ij}{}^{\lambda}}\right)}$$

P_{ij}：地域 i にいる消費者が特定の小売施設 j へ出向く確率

S_j ：小売施設 j の規模（売り場面積や売上額など）

T_{ij}：地域 i から小売施設 j までの時間

n ：商業地区またはショッピングセンターの全数

λ ：経験的に推定されるパラメータ

この理論は、商業地間の力関係が面積と時間という明確な数値で計れる点が魅力である。そのため、旧通産省が地域商業計画に用いるモデル式として採用した。すなわち、新規に大型店やSCが立地する場合、既存の商業地域や大型店からどれだけ顧客が吸引されるのかを試算する影響モデルとして利用されてきたのである。ただし、旧通産省では時間を距離に置換し、日本の社会事情から距離の影響をより重視して、モデル式の λ の値を２乗に固定した（理論的な根拠はない）。これが「修正ハフモデル」と呼ばれるものである。

もちろん、商業施設の吸引力は、消費者ニーズに応じた品揃えや核テナント、付帯施設の充実度（映画館、ゲームセンター、文化施設など）、それに施設デザイン（設計）、営業時間、駐車場の広さや使いやすさなどにも影響される。しかし、ここで問題とされるのは売り場面積の大小だけ（品揃えの幅を反映する指標）であることが批判されてきた。ただ、これは1960年代という時代の特性もあろうし、何より理論化のためにはファクターの捨象（絞り込み）が不可欠であるため、評価が曖昧な変数はあえて無視したと推測できる。その意味では、それらの問題は理論モデルとしての価値を損なうものではないといえよう。

コラム

3　ハフモデル

アメリカでは第２次世界大戦前からモータリゼーションが進展し、住宅地の郊外化と共に郊外型ショッピングセンター（以下SC）の立地が進んでいた。その結果、郊外SCとダウンタウンの商業地域との競争やSC同士の競争が生じ、消費者がどのような要因で商業地域やSCを選択するのかということが問題となっていた。

カリフォルニア大学教授であった商業地理学者のハフ（David Huff）は、商業地やSCの顧客吸引力は売り場面積に比例するが、自宅からの時間に反比例するという経験則をふまえて一つの確率モデルを1963年に発表した。例えば、図は三つのSCが立地している場合、それらの間に住む消費者は、場所によってどのSCにどれだけの確率で吸引されるのか（利用するのか）ということを示している。１から図中の確率値を引いた値が、他の施設を利用

ハフモデルのSC立地図

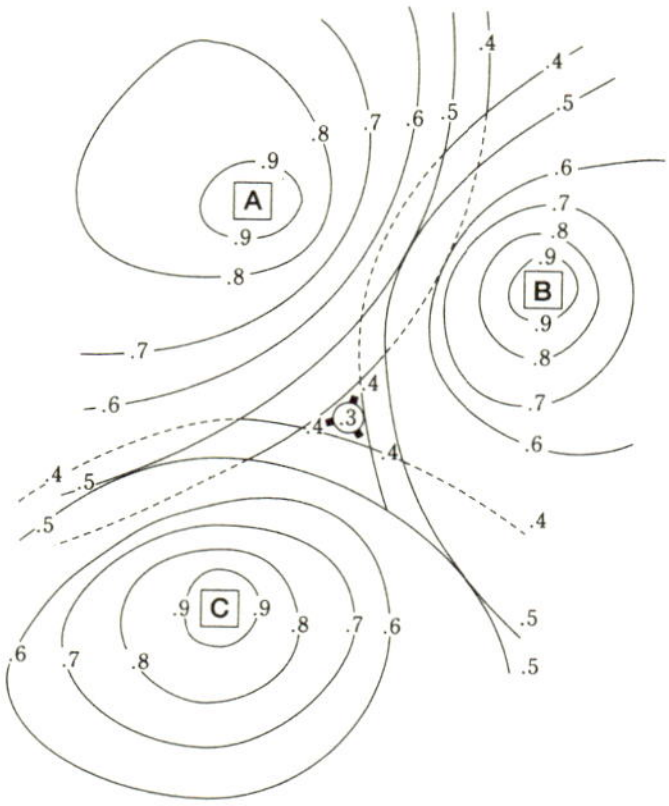

出所）Huff. D. L. (1963),"A probabilistic analysis of shopping center trading areas", *Land Economics*, 39, pp81-90.

もし小売業が存在しなければ、マグロが欲しければマグロの捕れる海岸に行って漁民と売買（取引）をし、サケが欲しければサケが捕れる漁村に行って売買（取引）をする必要が出てくる。しかし、魚屋という小売業は店舗で各地のいろんな海産物を取りそろえているので、それぞれの土地で行う必要があった売買（取引）を小売店舗一か所に集中させることができ、それによるコスト削減と利便性の提供を可能にする。これが小売業の存在意義だというのである。

ところが、この売買集中の原理を延長していくと、零細小売店よりもスーパーなどの大型店のほうが集中度が高いので社会的な存在意義が大きいことになってしまい、零細小売店は存立の論理的な基盤を失うことにもなる。この点については、大阪市立大学名誉教授の石原武政が、その著書『小売業の外部性とまちづくり』（有斐閣、二〇〇六年）のなかで次のような理解の仕方を提示している。つまり、零細小売業は、多様な店舗が集まり商店街（集積）を形成することで売買集中度を大きくしているとし、零細小売店舗の「外部性」（外部経済）の効果に着目することで、商店街や零細小売店の論理的な存在意義を示したのである。これは、立地論でいうところの「集積の利益」（第6章参照）と商業論の「売買集中の原理」とを結合させたものといえよう。

この商業論の議論は、商圏の集中化（広域化）には、店舗の大型化によって多様な品揃えを内部的に達成するタイプと、小型店舗の集積化によって多様な品揃えを外部的に達成するタイプとの二通りがあることを示している。

〈5〉小商圏化と小型店立地

前述のごとく、小売業においては、集中化＝集約化（大型化）したほうが経営効率がよいという考え方が伝統的に存在してきた。では、商圏分割化（小型化）の方向性は駄目なのかというとそうではない。実際、企業成長のために店舗を小型化して、多数立地させていくことも選択されてきたのである。

小売業界では、一九八〇年代から「小商圏戦略」という言葉が使われ始めており、現在では定着している。小商圏戦略とは、狭域の商圏を多数設定したり既存の広域商圏を分割したりして、そこに小型店を多数立地させていく手法である。

次ページに掲げた**表3―1**は、小売企業による小型店化の具体的な事例である。どれくらいの規模の店舗を「小型店」と呼ぶのかは、業種によっても企業によっても、また時期によっても異なるが、多くの企業が小型店のフォーマットを模索していることがうかがえよう。

企業の成長戦略の一つとして商圏分割（小商圏化）＝小型店化＝分散立地を進めるという行動はすでに一九七〇年代後半に見られたが、その戦略的な狙いや意味合いは時代とともに大きく変化してきたことには留意が必要である。

表３－１　流通業各社の小型店フォーマット

業　態	会社名	サイズ（店舗面積＝平方）	特　徴
外　食	デニーズジャパン	設備投資ファミレスの３分の１（50－70程度）	小型のそば・うどん店／ファミレス以外の初業態
	モスフードサービス	標準店の４－５割程度（33程度）	バーガーメニュー約半分／入れ替え激しいフードコート開拓
生活雑貨専門店	プラザスタイル	標準的なソニープラザの半分以下（150程度）	海外絵本のキャラクター商品などを集めた新業態
	ロフト	大型店の10分の１程度（200－350）	家具などを扱わず文具や健康関連商品／駅ビル積極出店
ホームセンター	コーナン商事	標準店舗の約25％（1000前後）	既存小型店をプロ向けに転換／営業時間を早朝に繰り上げ
コンビニ	エーエム・ピーエム・ジャパン	通常店舗の２分の１程度（75標準）	病院内やホテルの売店跡地狙う／紙おむつや衣料など充実
衣　料	ギャップジャパン	子供・ベビー扱う標準店舗の３分の１程度（約350）	顧客層を成人男女に絞り込み／駅ビル集中出店をめざす
子供服	西松屋	標準店舗より25％縮小（500前後）	まちづくり３法視野に小型ショッピングセンター(SC)向け
靴専門店	エービーシー・マート	取扱品目大型ＳＣの７割程度（330－550）	小型ＳＣ向け／大型ＳＣ向けより３－４割安い専用商品
家　具	大塚家具	超大型の本店の約80分の１（400弱）	客単価は従来より高めに設定／「広告塔」でブランド力を向上
高級ブランド	ハンティングワールドジャパン	標準店舗の２分の１－３分の１程度（25－50基本）	店ごとにテーマを絞り込み／百貨店内に立地対応力高める

出所）日経ＭＪ、2007年８月27日付

そもそも戦略的な小型店化が注目されたのは、大店法（一九七三年施行）が一九七八年に改正され、五〇〇平方メートル以上のすべての店舗が規制の対象となったこと（規制強化）がきっかけであった。すなわち、各企業は五〇〇平方メートル未満の小型店（四九九平方メートルなど）を出店することで規制を免れようとしたのである。

このように、当時の小型店は「規制逃れモデル」という意味が強く、その立地も駅前や中心市街地内という従来型の立地がほとんどであった。

しかし、一九八〇年代に入ると、コンビニや専門店チェーンのように、むしろ小型店を基本とする新たな業態が急成長するようになり、小型店が一つの「成長モデル」としての意味をもつようになった。小型店はコンビニに代表されるように立地の自由度が高いため、小さな場所のチカラでも収益につなげやすいという利点があった。コンビニは、これまでの駅前や商業地を離れて住宅地という「場所」に成長の拠点を見いだし、専門店は市街地縁辺の幹線道路沿い（いわゆるロードサイト）に成長の拠点を見いだしていったのである。

ところが、一九九〇年代になると規制緩和が始まり、大店法の規制も緩くなって大型店が増大していくことになった。ホームセンターやドラッグストア、レンタルビデオ店なども次第に大型店化が進んでいき、さまざまな業界で大型店間競争が激しくなっていった。すると今度は、大型店のすき間を狙うタイプの小型店に注目が集まるようになる。つまり、小型店は、競合他社の取りこぼしたすき間商圏を確保したり、自社の大型店のすき間を補完してセットで市場占有率を上げる（ドミナント型の）役割を担うようになったのである。要するに、小型店は「すき間補完モデル」として増大していった。とくに、大店法が廃止されて大店立地法が施行（二〇〇〇年）されたあとは大型店の出店が急増したことから、この大型店と小型店の同時増大がいっそう明瞭になっていった（**コラム4**参照）。

そして、二〇〇四年頃からは新たな動きが鮮明になりつつある。すなわち、高齢化や人口の都心回帰の進展、コンパクトシティ指向の高まり、フードデザートの出現や買い物難民の増加（一二〇ページの**コラム5**参照）といった現象のなかでの小型店化である。具体的には、高齢化が進めば郊外の大型店へはアクセスが難しくなるだろうし、大きな店舗での買い物は店内を歩く距離が増えるため、高齢者にとっては身体への負担も大きい。また、都心に人口が回帰するにつれて、都心での日用品や食品をはじめとする多様な需要が新たに増大しつつある。

近年では、将来の人口減少による都市の縮小（郊外の衰退）を想定して、市街地や住宅地のなかに立地して徒歩でアクセスできる店舗フォーマットが企業の成長を支える新たなモデルとして必要性を増してきている。つまり、「人口変動対応型モデル」としての小型店である。それゆえ、近年の小型店は大都市部での立地が中心となっている。たとえば、小売業ではイオンが二〇〇五年から首都圏と北海道で展開を開始した小型スーパーの「まいばすけっと」が出店数を伸ばして

コラム

4　大型店立地とまちづくり三法

小売業の立地規制は、かつては「大規模小売店舗法（大店法）」（1973年施行）で大型店の出店が規制されていた。しかし、この法律はそもそも中小小売業を保護する性格が強かったため、結果的に中小小売業の競争力の強化を阻害してきたという批判を浴びてきた。

そこで、小売業の競争そのものを調整するのではなく、都市計画やまちづくりの観点から商業立地の適正化を図ろうとして2000年から施行されたのが「大規模小売店舗立地法」「改正都市計画法」「中心市街地活性化法」の三つであり、それらはあわせて「まちづくり三法」と呼ばれている。

具体的には、「大規模小売店舗立地法」では、大規模店舗そのものを規制するのではなく、大規模店が立地することで生じる生活環境の悪化を防ぐ目的で、出店の審査が行われるようになった。その結果、大規模店の出店そのものは緩和されたが、適正な駐車場台数の確保などの面では規制が強化された。また、「改正都市計画法」では土地利用の規制が強化され、さらに新設された「中心市街地活性化法」では、中心市街地の活性化に向けての計画づくりや組織づくりが支援され、多様な助成制度も設けられた。

しかし、まちづくり三法は当初の期待通りの成果を生まず、郊外での大型店やSC開発は一層増大し、中心市街地の衰退もさらに進んでしまった。そこで、2007年にはまちづくり三法が改正され、売り場面積が10,000㎡以上の大型店の郊外出店が規制されることとなった。さらに、地方自治体独自の規制も行われるようになった。これらにより、1990年の大店法改正から続いてきた大型店規制の緩和の流れが一転することとなり、また郊外開発の規制路線も明確になった。そして、中心市街地についても、まちづくり組織の強化が図られた。

このように、大型店規制はその時代の情勢に応じて強化と緩和を繰り返してきたが、それが小売業の集中化戦略（大型店化）や分散化戦略（小型店化）に影響を与えてきた点に留意すべきである。

コラム

5 フードデザート（食の砂漠）問題

フードデザート（Food Deserts）とは、イギリス政府が1990年代末に提唱した言葉。欧米の都市では、都心縁辺部に「インナーシティ」と呼ばれる衰退地区が見られる（元は古い工場・倉庫街が多い）。古い建物が多く家賃も安いことから、そこには低所得者や移民が多く居住している。近年では、郊外の大型店の発達もあり、このような地区で生鮮食品を扱う店舗が激減してきている。その結果、住民はレトルト食品やファーストフードくらいしか入手できなくなり、栄養状態が悪化してガンなどにかかる人が増大する状況が生じている。このような都市のインナーシティに生まれた生鮮食品の入手困難地区を、「フードデザート」と呼ぶ。

日本の都市でも、中心市街地が空洞化し、商店街の食料品店やスーパーが減少して郊外化が進んだことで、生鮮食料品が入手しにくいエリアが拡がりつつある。また、中心市街地では高齢者が増加しているが、高齢者のなかには郊外の大型店へのアクセス手段をもたない人や、健康上の理由で遠くまで買い物に行けない人、重い食料品を持ち帰れないという人も多い。その結果、日本では高齢化が進んだ中心市街地において、新鮮で健康的な食品を入手できない「食の砂漠」化していることが多い。このように、高齢化社会の進展と密接に関連したものは、日本型のフードデザート問題といえる。

また、日本では、このようなフードデザート地区に居住する人々や高齢者たちを「買い物難民」と呼ぶことも多い。買い物難民は、都市部のみならず農山村の過疎地帯にも多数見られる。近年では、郊外のニュータウンでもスーパーが閉店したり、高齢化が進んだりして買い物難民が増加しつつある。ただし、このフードデザート問題は、近所同士の助け合いである程度解決する面もある。その点では、都市のコミュニティー崩壊や無縁社会問題と表裏一体を成す問題であることは重要といえよう。

この問題の詳細は、岩間伸之編著『フードデザート問題——無縁社会が生む「食の砂漠」』農林統計協会、2011年を参照のこと。

いる。この業態は、面積が一五〇平方メートル程度の小型店舗に生鮮食品とデリカ（総菜）、加工食品を充実させたもので、イオンは高齢化や都心への人口回帰などを睨んだ地域密着型の戦略的小型店と位置づけている。

二〇一二年一一月時点で三〇〇店舗を超えており、これからの新しい小型店として注目されている。[11] イオンはこのほかにも、売場面積二五〇平方メートルの都市型小型ＤＳ（ディスカウントストア）「アコレ」も二三区の城北地域と埼玉県南部で展開している。このような新しいタイプの小型店は、小売業だけではなく外食やサービス業なども含めた幅広い業種にまで広がっている。

このように、商圏分割による小型店化という方向の選択は時代に応じて多様な戦略的意味を負わされ、それによって立地する「場所」（成長の場）も変化してきたのであった。今後のわが国の社会動向を見据えるなら、この分散化＝小商圏化という方向性はいっそう重要性を増すであろうが、現実的には集中化＝大型店化の流れもまだしばらくは続くと思われるので、当面は両者が平行して進行していくことになろう。

(11) 同社は、二〇一一年九月にイオンリテールから分社化された。既存店の売り上げは二桁増で推移しており、二〇一三年度中に六〇〇店、売上高一〇〇〇億円が目指されている（食品産業新聞、二〇一一年一一月八日付）

〈6〉店舗立地とM＆A・フランチャイズ

ところで、大型店化や小型店化といっても、当然のことながら、その実現に向けてはさまざまな経営上の問題も生じてくる。たとえば、商圏の集中化（広域化）によって大型店化を進めることで企業成長を遂げようとするなら、成長にあわせて市場の地理的な拡大が不可欠となる。要するに、競合他社の商圏に踏み込まざるを得ないのである。

一方、小型店化で成長を図ろうとすると、商圏が分割されて店舗数が増大する分、店舗の立地開発や建設資金面での負担が膨らんでくる。また、商圏が小さい分、店舗周辺の狭い地域ニーズに的確に応える必要も出てくる。というのは、品揃えの小さな誤差が売り上げや収益を大きく左右することにもなりかねないからである。

さらに、大型店にしろ小型店にしろ、市場占有競争のなかにおいては出店のスピードを確保することも重要となる。要するに、このような出店の背後にある経営上の問題がクリアされて初めて「立地という現象」が生じてくる（空間的な現象に反映される）ことには注意が必要であろう。

では、各企業はこれらの課題に対してどのような対応を行っているのであろうか。まず、大型店化が進むなかで進行してきたのがM＆A（企業の合併と買収）である。

たとえば、家電量販店業界は、もともと地域ごとに大手チェーンが立地の棲み分けをする傾向が強かった。つまり、地域商圏を相互に守ることで競争を避けてきたのである。ところが、一九九〇年代の末頃からは、その不可侵的な棲み分けが崩壊してくる。大型店が立地可能な場所はある程度限定されてくるため、大型店の立地場所の獲得競争や大型店同士の近接立地による競争が激しくなってきたのである。

企業成長のためにはさらなる出店が必要ではあるが、もはや手つかずの市場は少ないため、新規出店は必ず激しい競争を招いてしまうことにもなった。また、安売りを旨とする家電大型店が仕入れ価格の低下を実現させるためには、規模を拡大してメーカーとの交渉力をいっそう強化することも必要となってきた。

これらの問題を解決する最良の方法としてＭ＆Ａが浮上してきたのである。Ｍ＆Ａによって他社の市場を獲得すれば、無駄な競争を回避しつつ商圏を集約化する＝大型店を立地させることもできるし、企業規模が大きくなれば仕入れ量（バイイングパワー）が増大して価格競争力も強化できる（近接立地する競合他社にも対抗できる）。さらに、Ｍ＆Ａによる市場拡大は新たな市場での既存店舗をそのまま利用できるため、出店スピードが飛躍的に速まるという利点もある。この点からすると、Ｍ＆Ａの相手企業は、当然のことながら商圏の重複（店舗の重複）が少ないチェーンを選んだほうが効率的となる。

次ページの**表3―2**は、家電業界二位のエディオングループの大型店の店舗分布を見たものである。このグループは、もともとエイデンとデオデオが合併し、その後ミドリを子会社化、さらに石丸電気とサンキュー（一〇〇満ボルト）の株式を取得してできたものである。店舗分布を見ると、出店地域が重ならないように合併が進められてきたことがうかがえよう。成長拠点としての店舗の立地が、資本の動きそのものを左右する要因となっていることを認識すべきであろう。

一方、小型店化の進展においても新たな動向が見られる。それは、出店コストの低減と出店スピードの促進をめざしたフランチャイズ（以後ＦＣ）化の動きである。大型店を積極的に出店してきた家電量販店にとって、小型店には二つの意味がある。一つは、大型店の商圏のすき間を補完する「すき間補完型モデル」としての意味であり、もう一つは高齢化やコンパクトシティ化に対応した「人口変動対応型モデル」としての意味である。その小型店化を、直営ではなくＦＣ化によって実現しようとしているのである(12)。

たとえば、ヤマダ電機の場合は、近年の出店戦略に合わせて新たにＦＣ化を二〇〇六年から導入した。つまり、直営大型店の周辺地域や大型店が出店できない地方圏に立地する個人経営店を系列ＦＣにすることで直営の大型店を補完させ、市場占有率を上げようとしているわけである。いわゆる個人経営の「街の電器屋さん」の場合は、地域密着力も高く近所の高齢者へのていねいな対応も可能であり、それらをＦＣ化することが将来の成長への布石となる。

表３－２　家電量販店のM&A・広域化と店舗重複の回避（エディオンの場合）

	100満ボルト	石丸電気	エイデン	ミドリ	デオデオ
北海道	6				
青森					
岩手					
宮城					
秋田					
山形					
福島					
茨城		2	2		
栃木					
群馬					2
埼玉		2			2
千葉	3	2	3		
東京	1	9	2		1
神奈川		2	1		1
新潟		1			
富山	3				
石川	4				
福井	7				
山梨					
長野			8		
岐阜			16		1
静岡	1		12		
愛知			42		
三重			12	2	
滋賀				6	
京都	2			10	
大阪				22	
兵庫	1			29	
奈良				8	
和歌山			1	1	
鳥取	2				5
島根	2				9
岡山					20
広島					38
山口					14
徳島					4
香川					7
愛媛					9
高知					1
福岡					13
佐賀					1
長崎					3
熊本					4
大分	2				3
宮崎	2				3
鹿児島					2
沖縄					9
小計	36	18	99	78	152

（注）店舗数は2008年時点のものであり大型店のみで小型店舗は含まず。なお、現在はストアブランドがエディオンに統一されている。

出所）エディオンホームページを基に作成。

また、エディオン系列のエイデンも、近年、直営の大型店（一五〇〇平方メートル程度）を「パワーストア」とし、その周辺に二〇〜七〇平方メートル程度の「エイデン・ファミリー・ショップ」と称する小型店をFCで展開する方式をとっている（二〇一二年で一〇〇店）。それ以外にもエディオンは、系列下のデオデオ（広島）などでも「ファミリー・ショップ」と称するFC店を展開（二〇一二年で五七〇店）して大型店との補完効果を狙う戦略をとっている(13)。

既存店をFC化するメリットは、立地開発（場所の探索）コストや建設コストをなくし、出店スピードを大幅に上げることにある。とくに、個人電器店の場合は、すでに長年の得意客も抱えており効率がよい。しかし、近年ではFC加盟店の奪いあいも生じており、地方の加盟店のなかにはより有力な大手チェーンの傘下に鞍替えするところも出始めている。

なお、FC化については、加盟店への的確な売れ筋情報の提供や経営指導など、本社側には新たなノウハウが要求されるという面もある。それをサポートするのが、POSシステムなど情報システムである。このように、出店戦略と情報システムは非常に密接な関係にあることも忘れてはならない。

〈7〉大型店・小型店とアクセスコスト

小売業の立地を考える際に重要となる空間的な理論視角の一つに、アクセスコスト問題がある。消費者が小売店にアクセスする際には、当然のことながら、自宅から店舗までの移動に要する費用と時間を負担する必要がある。

消費者からすると、郊外の大型スーパーに買い物に行く場合は、自動車のガソリン代や移動に要する時間を負担しなければならないため、理論的にはそのコストの負担分だけ商品価格が安くないと割に合わない。一方、住宅地に立地するコンビニに行く場合は、アクセスコストの負担が小さいので商品価格が郊外のスーパーより高くても許容できる。つまり、コンビニがなぜ定価販売をとってきたのかというと、消費者にアクセスコストの節約という便益を供与してきたからで

(12)　家電業界では、ベスト電器が一九七〇年から、デオデオが一九八〇年からFC制を導入しているが、当時と近年とではFC化の意味が変化していることが重要である。なお、近年は大手家電メーカーも地域の個人電気店の系列強化に乗り出している。これは、量販店が掌握している流通主導権を取り戻そうとする動きでもある。

(13)　ドラッグストア業界でも小型店化とFC化が同時進行している。マツモトキヨシも二〇〇六年からFCによる小型店化を開始し、その今後が注目されている。

よう。

ある。換言すれば、コンビニの割高な価格はアクセスコスト節減に見合う対価であると理解でき

小売業側からすれば、郊外は地価が安いので大型化して効率性を高めれば値引きは可能となるので、住宅地から離れていても集客ができる。他方、住宅地のコンビニは多店舗出店に要するコストが大きく（家賃も高く）、さらに在庫を十分持てないので配送頻度が高まって輸送コストが高くなるため、安売りをすると経営が成り立たない。

では、市街地に立地展開するミニスーパーはどうであろうか。それは、高齢者も含めた消費者のアクセスコストを節減することで成長しようとしている業態であるが、出店や運営にはコンビニ並みのコストを要するにもかかわらず、スーパーであるために安売りをしなければならないという矛盾を抱えている。つまり、かなりの効率化を実現しないと成り立たないのである。都市部で急増する小型店チェーンが今後成長できるかどうかは、この矛盾の克服(14)をどうするかにあるといえる。

（14） たとえば、利益率が高いＰＢ商品や総菜の割合を増やしたり、生鮮品の一括大量仕入れでコストを抑えたり、あるいは集中出店化で配送コストを抑制することが考えられる。ちなみに、イオンのミニスーパー「まいばすけっと」の場合は、首都圏での集中展開や、店舗投資の抑制、商品やサービスの絞り込みなどで効率化とローコスト化を進め、黒字化が視野に入ったとされる（日経ＭＪ、二〇一三年一月二一日付）。

第4章

ネットワークの視点から立地を考える

〈1〉 現代企業の立地とネットワーク

企業立地の問題を最初に理論化した人物は、一九世紀から二〇世紀にかけて活躍したドイツの経済地理学者アルフレッド・ウェーバー（Alfred Weber,1868~1958）である。彼は、その著書『諸工業の立地について』（一九〇九年）で「工業立地論」を打ち立てたことで知られる。

ウェーバーは、当時は非常に大きな費用要因であった「輸送費」に着目し、それこそが立地の決め手であるとした。つまり、工場の最適立地点とは、基本的には輸送費の最小地点だとしたのである。筆者流に言うならば、場所のチカラのうちでも、輸送費というコストを削減するチカラを重視する理論といえよう。この理論の基本的なポイントは**コラム6**を読んでいただきたいが、この理論は距離によって変化する輸送費という空間的ファクターを柱にすえ、企業の立地行動をシンプルな経済理論にまとめ上げた点が高く評価される[1]。

しかし、なにせ一〇〇年も前の理論ゆえに、現代の工場立地のダイナミズムには適合しない部分も見られる。ウェーバーの理論への批判はいろいろ行われてきたが[2]、筆者は現代の企業立地を考えるに際してのウェーバー理論の限界は以下の二点であろうと考えている。

まず一つ目は、彼の理論が原則として「単独工場」を想定して構築されている点である。**コラ**

コラム

6　ウェーバーの立地三角形

A・ウェーバーの立地論は、しばしば「立地三角形」で説明がなされる。今、下図の三角形で、三角形の頂点ａに市場、ｂに原材料１、ｃに原材料２が位置しているとする。つまり、２地点から２種類の原材料をそれぞれ調達して、それを工場で製品化し１か所の市場に運ぶというケースを考える場合、工場の最適立地点がどこになるのかを考えるのである。

この場合の輸送費は、価格（料金）ではなく距離と重量を掛け合わせたもの（トン・マイル）で代替している。工場の地点をＰ点とすると、輸送費の総和を最小にするＰ点の位置は三角形の「重心」にあたる位置になる。

例えば、製鉄所のように原料となる鉄鉱石やコークスが重く輸送費が嵩む場合は、工場立地点（最小輸送費地点）は原料産地に引き寄せられることになる。逆に、ビールのように原料の小麦は軽いが、醸造して瓶詰めにすると非常に重くなる場合は工場と市場との間の輸送費が大きくなるので、工場立地点は市場の近くに引き寄せられるのである。

ウェーバーの立地三角形

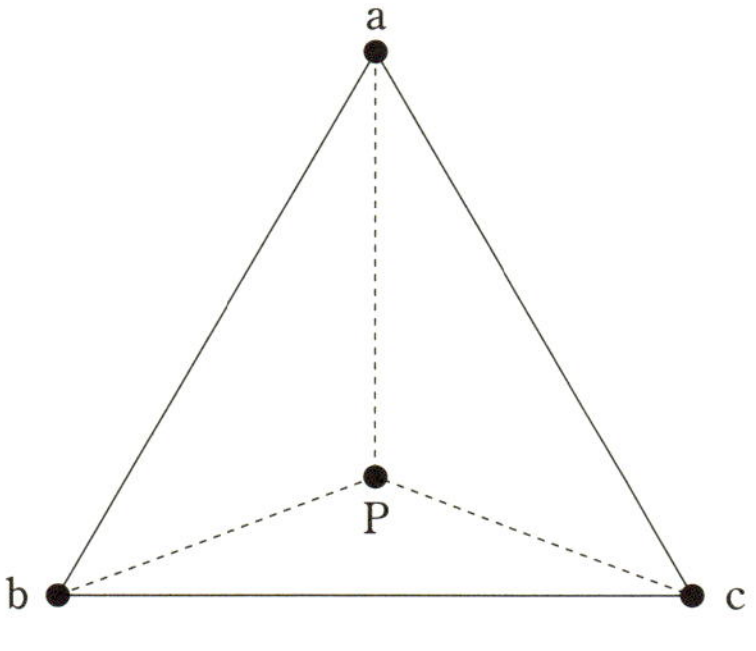

ム6の立地三角形で想定されている工場も単独で操業する工場である。しかし、現代の多くの製造業は、中小企業の一部を除いて「複数工場」制をとっているところが多い。つまり、我々が目にする工場の多くは、一か所ですべてを製造するところではなく、その企業の生産活動の一部分を担当しているにすぎない。たとえば、特定の製品、特定の部品、特定の工程を担当するといった具合である。

また、それとは別に、研究開発施設や物流センター、本社、支店（販売拠点）といった特定機能に特化した関連施設も多数有している。そして、それら多数の事業所がネットワーク化（結合）されたものが現代の製造業なのである。そのネットワークは、企業規模が大きくなればなるほど複雑化し広域化しており、さらには国際化によって海外の事業所も含めたグローバルなネットワークを構築する企業も少なくない。各工場は、ネットワークのなかの一つの要素にすぎないのである。

二つ目は、ウェーバー理論が企業活動の外部性を（おそらく意図的に）理論に取り込んでいない点であろう(3)。先述のごとく、現代の製造業は部品生産や限定された工程を分担するものも多い。素材の調達先も、下請け企業も、製品の納入先もそれぞれ多数あろう。そのため、最適な立地点がそれらの多くの企業との効率的な位置関係（地理的なネットワーク）のなかで決まる側面もある。しかし、ウェーバーはこのような企業の外部性については議論しておらず、あくまで企業内部のコスト削減の実現という視点から理論化を図っているのである。その特性は、後述する集積論においても確認できる（一七二〜一七五ページ参照）。

その意味では、現代の工場立地は立地三角形における輸送費最小で決まるのではなく、多数の関連事業所との「ネットワークの効率性」によって決まるといってよかろう。つまり、新たに工場を建てようとする場合も、その工場がネットワークのなかで担う役割（機能）によって最適な位置が決まってくることになる。

このように考えるなら、立地をネットワークという視点からとらえることが現代の企業立地を考える重要な視角だといえる。

（1）本書ではウェーバーの立地論をごく簡単にしか紹介していないが、その内容の豊かさについてはすでに多くの著書があるのでそちらを参照願いたい。最近の著作では、松原（二〇〇六）などがある。

（2）たとえば、現代では輸送費の占める位置は相対的に低下しているため、立地の要因を輸送費に収斂させることには無理があること。また、輸送費自体も距離とともに逓減していくのが自然であるが、この理論では距離に比例して無限に増大するとされていることや、市場が一か所に固定されていること（実際は多くの市場に出荷）。さらに、地代を考慮していないことや国際化の問題には触れていないことなどが挙げられる。

（3）ウェーバーは、集積の利益を検討した部分では外部発注による費用削減も考えてはいるが、ネットワークの視点は含んでいない。

2 ネットワークの視点とコンビニのドミナント型出店

では、ネットワークで立地を考えるということはどのようなことなのであろうか。たとえば、場所のチカラを評価する際に、そこを単独で評価するなら非常に有利な場所のように見えても、ネットワークの効率という点から評価するとその場所は全体の効率性を低下させてしまったり、リスクを増大させてしまったりする場所になることもある。

社内の事業所ネットワークの効率をもっとも真剣に考えている企業といえばコンビニ・チェーンであろう。言うまでもなく、コンビニは小さな店舗に周辺で生活する顧客が必要とするものだけを少量ずつ置く業態である。店内に予備の在庫を置くスペースはほとんどないため、タイミングよく店舗の商品の補充ができるかどうかが勝負となる。つまり、少量ずつ多頻度ですべての店に配送する物流システムがカギを握る業態といえよう。実際、日用雑貨品などは週に二〜三回で済むが、弁当やおにぎり、サンドイッチ、惣菜などは一日に三回もの配送がなされている。

一日に三回もの配送を実行しようとすると、配送センターと店舗との空間的な位置関係が問題となる。配送センターから離れた場所に立地する店舗が多いと、それらの店舗への配送に時間が取られてほかの店舗へのタイムリーな配送ができなくなるし、全体の配送効率も下がる。つまり、トラック一台当たりの巡回店舗数が低下したり、走行距離が延びたりしてガソリン代（コスト）が嵩むことになる。

したがって、配送センターを出発したトラックが巡回しやすい地理的範囲内に集中的に出店をするのが理想である。このような集中出店は「ドミナント型出店」と呼ばれる。とはいえ、あまりに店舗を集中させすぎると、今度は店舗間で客の奪いあいが生じて売り上げが低下することになる。

図４－１　コンビニの店舗ネットワーク（イメージ）

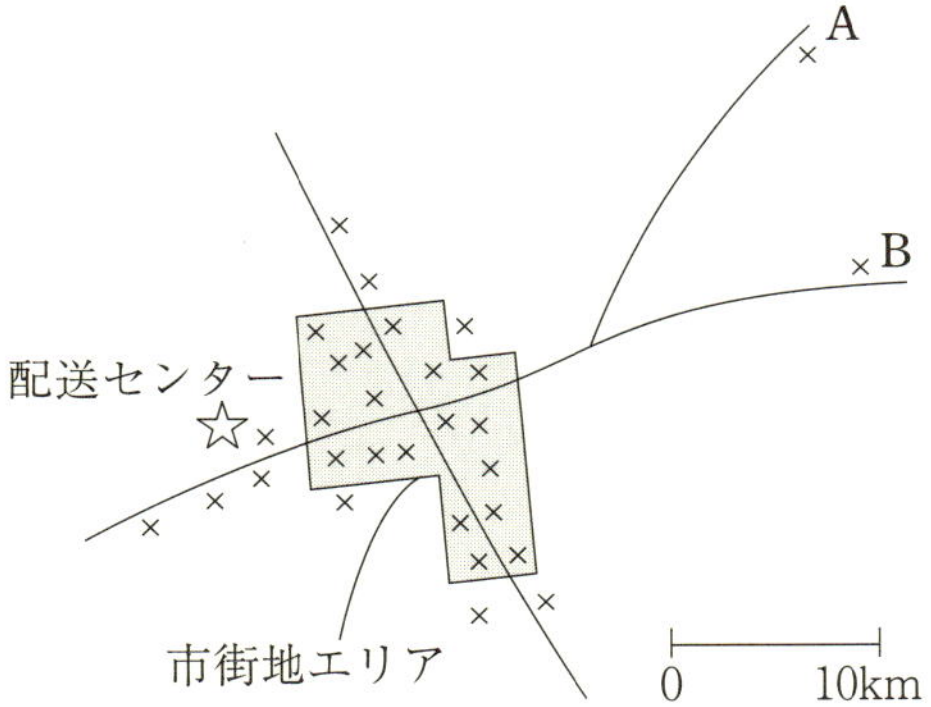

要するに、店舗ネットワークの空間的効率性（最適性）が問われるのである。**図４―１**で、店舗ＡやＢは幹線道路沿いで競合店も周辺になく大きな売り上げが期待できるとしよう。しかし、この二店舗は配送センターから離れすぎており、配送コスト（時間）がかかりすぎる。これらの店舗は、個別に見ると優良店舗であったとしても、全体のネットワーク効率の視点から見れば閉店せざるを得なくなってしまう。

現実を見てみよう。**図４―２**は、京都市におけるコンビニチェーンＡ社の店舗立地の変化を見たものであ

図４－２　京都市におけるコンビニA社の出店プロセス

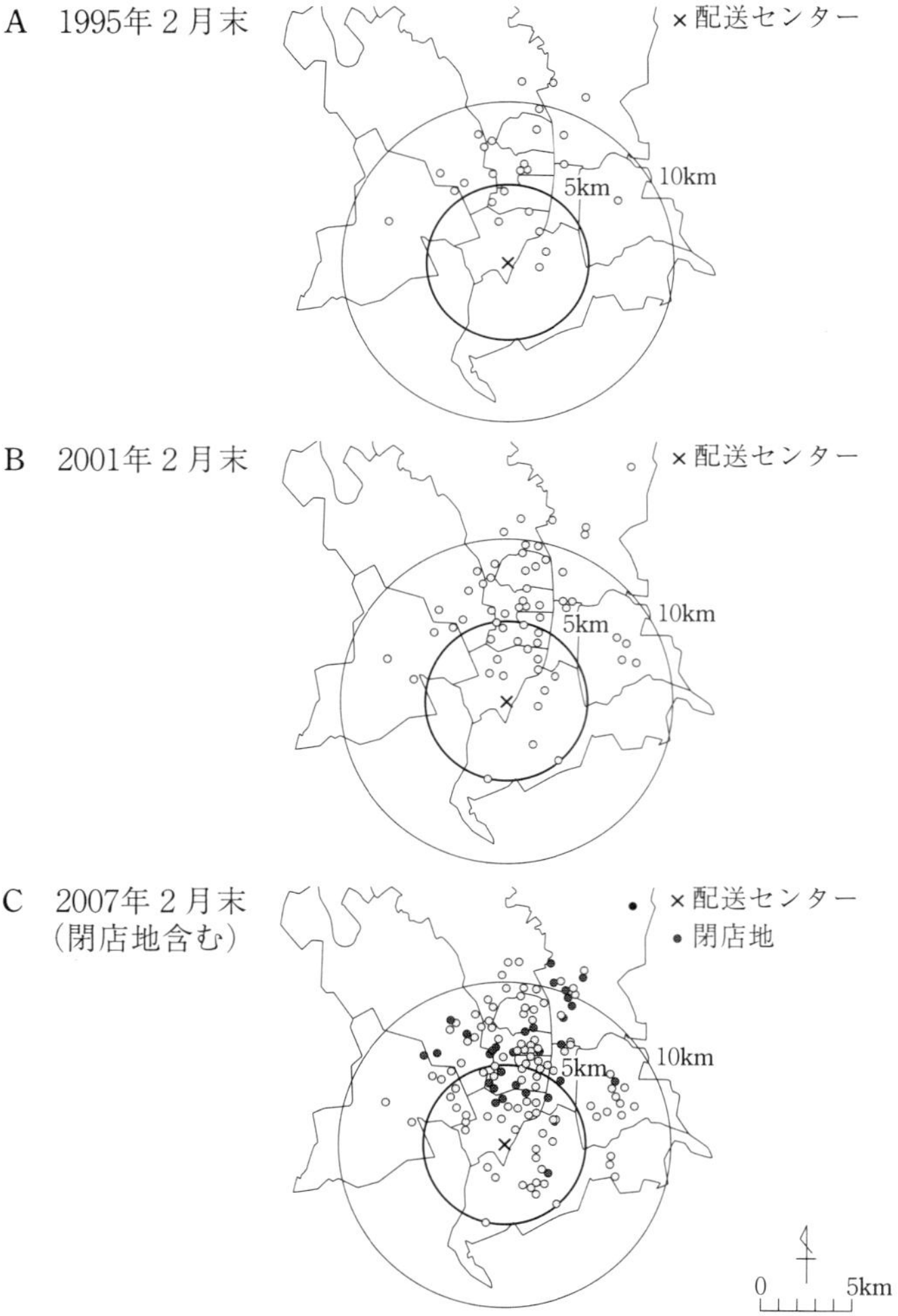

出所）森亮次（2008）、244頁、図３を改変。
原資料）NTTタウンページ

る。この地図の中心に位置する配送センター（×印）は、弁当やおにぎり、惣菜などを一日三回各店舗に配送する拠点である。進出当初の一九九〇年代中頃は、比較的広めに出店エリアを設定して多様な場所で市場動向を模索（情報収集）していたが（**図4―2―A**参照）、やがて集中出店を行う中心地域が定まるとその地域への出店を急増させ（**図4―2―B**参照）、一方で、そこから外れた配送効率の悪い店舗や近接しすぎて売り上げが低下してきた店舗を閉鎖していく様子がうかがえる（**図4―2―C**参照）。

このように、コンビニは店舗のネットワーク効率をにらみながら立地を選択しているのである。

3　ネットワークのタイプと機能の立地

事業所のネットワークは、組織のネットワークのあり方を反映する場合もある。そもそも事業所は、その組織内で特定の機能や権限を与えられた施設である。したがって、ネットワークは組織の機能のあり方や権限のあり方を映す鏡でもある。

さて、ネットワークには、基本的に**図4―3**のごとく三つのパターンがある。

❶「ピラミッド（ツリー＝樹状）」型ネットワーク――これは「ライン型」とも呼ばれている。

モノや情報あるいは指揮命令が「階層」的に流れるタイプのものであり、縦方向（上下方向）

図４－３　ネットワークの３類型

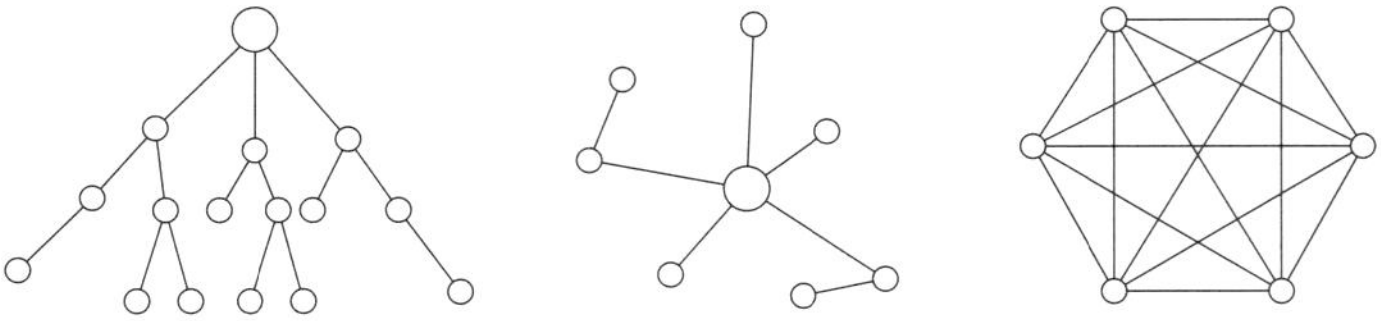

の結合は強固で効率的であるが、横方向は断絶する傾向が強いという特性がある。「階層型ネットワーク」と呼ぶこともできよう。

❷「ハブ・アンド・スポーク」（車輪と車軸）型ネットワーク――これは結節点（ハブ）が明確で、そこを経由しないと別の場所には移動できない構造をもつ。しかし、ハブを形成することでネットワーク（スポーク）の本数を集約することができるため、ネットワーク全体の効率が問題とされるような物流ネットワークや情報ネットワークの構築の際に用いられることが多い。ただ、このネットワークでは、ハブがモノや情報が行き交う「中心」となり、その先にある末端のポイントが「周辺」となってしまうため、ネットワーク内の格差が生じやすいタイプでもある。

❸「フラット」型ネットワーク――これは階層性もなければ中心と周辺の区別もないタイプである。それぞれの事業所が時と場合に応じて中心（上位）となったり、周辺（下位）となったりする。各事業所がきわめて平等な位置づけになるタイプである。インターネットの発展は、まさにこのフラット型の社会ネットワーク構

造の発展にほかならない。

では、このような三種のネットワークのあり方は、実際の施設立地にどのような影響を与えているのであろうか。以下で、それを順に見ていきたい。

4　ピラミッド（ツリー）型の事業所ネットワークと場所のチカラ

さて、ピラミッド（ツリー）型のネットワークを有する組織の例としては行政機関が挙げられる。本庁を頂点として、その下に支所や地方事務所があり、さらにその下に分所や出張所があるといった具合に機能と権限のヒエラルヒー（階層）が明確である。情報の流れも縦方向にはスムーズに流れるが、支所同士や出張所同士の横方向の交流はほとんどない。これは、古典的な組織を有する企業や金融機関においても見られる。本社・本店が圧倒的な権限を独占的にもち、その下に支社→支店→営業所→出張所といったヒエラルヒーが明確に存在する。

東京には多くの企業の本社が集中立地しているが、それは企業の意思決定機能（最高権限）が集中していることを意味する。行政機能の本庁や企業の本社が集中すると、東京という場所には組織の意思決定に関わる情報が集中するようになることから、大阪や名古屋に本社を置いていた企業もやがては本社を東京に移転させるようになり、それが地方都市にまで拡大していくと、いわゆる地方都市の空洞化や地方都市との格差問題が生じる。これが、東京一極集中問題の一つの姿である。東京の「場所のチカラ」が累積的に高まっていく一方で、他の都市の場所のチカラが奪われていく現象ともいえよう。要するに、場所のチカラが、組織のネットワークを介してシステマティックに変化していくという点が重要である。

戦後の日本では、行政機関や企業の階層的な（ピラミッド型の）ネットワークが累積的に強化されてきた。その結果、都市そのものにも機能的な階層性が見られるようになった。**図4―4**は、日本の都市の階層構造を経済機能をベースにとらえたものであるが、これは事業所の立地ネットワークのあり方を映したものである。

都市は、程度の差こそあれ、行政・金融・企業業務・商業といった多様な機能の中心地であることから、このような都市の階層はしばしば「中心地」や「中心性」の階層とも呼ばれる（一四四～一四五ページの**コラム7**参照）。東京がダントツに高い位置を占め、大阪や名古屋が次の階層を、そして札幌、仙台、横浜、広島、福岡といった広域中心都市と呼ばれる都市がそれに続いている。本社が東京に集中立地する傾向が強まるにつれて、それ以外の地方都市には支社や支店・営業所が増大していくことになる。

この図は、東京と大阪と名古屋の三都市に本社を置く企業が、どこの都市に支店を配置してい

図４－４　企業の支店配置ネットワーク（2000年）

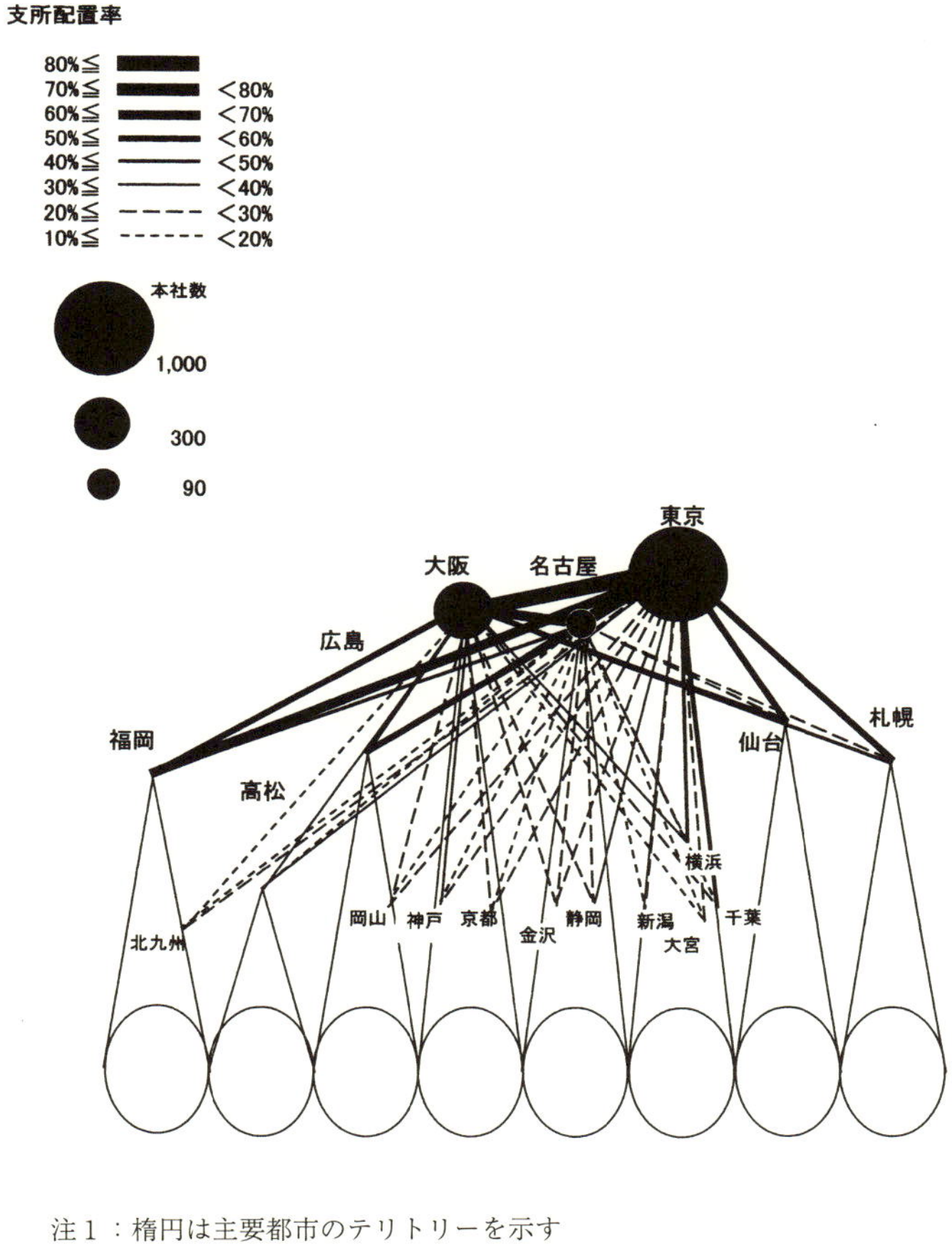

注１：楕円は主要都市のテリトリーを示す

注２：ただし、金沢と京都のテリトリーは省略

注３：各都市の高さを支所数で示した場合（東京の支所数を基準としている）

出所）阿部和俊、山﨑朗（2004）106頁。

るのかを示したものである。これは、企業にとってどこの都市が重要であるのかを如実に物語っている。ただし、黒丸の大きさは各都市の本社数を示し、各都市の高さは支所数の相対的な多さを示している。

まず、これを見ると東京への本社の圧倒的な集中が分かろう。一方で、支所の配置（ラインの部分）に目をやると、東京、大阪、名古屋のいずれの都市とも比較的太い線で結ばれている所は札幌、仙台、広島、福岡といった都市である。つまり、東京、大阪、名古屋に本社を置く企業の多くが支店を設けているのである。これらの都市は「広域中心都市」と呼ばれるもので、企業の支店配置から見ると、東京を頂点として、大阪→名古屋→広域中心都市、そして北九州、高松、岡山、神戸など、その次に位置するレベルの都市といった階層構造が見られることが分かろう。

ところで、アメリカのカリフォルニア大学（バークレー校）の教授であったプレッド（Allan Pred,1936~2007）という地理学者は、このような都市階層における都市間結合について研究した結果、上位階層の都市同士では交流があるが、下位の都市と上位都市との間には断絶性が高いことを示した。実際、東京本社の企業は大阪には支店を置くが、それより下位にある奈良や和歌山といった都市には事業所を置かない企業も多い。それらの下位都市には、大阪に本社を置く企業が支店などを置く傾向が強い。さらに、その下の階層に属する都市においてもまた断絶性が見られる。このように、企業の事業所ネットワークのあり方は、都市グループ間の経済的な結合を断絶する結果を招いているのである。

少し話が広がるが、日本の都市階層のトップに立つ東京は、言うまでもなく世界の大都市ともネットワーク化されている。グローバル化が進むなかで、地球的規模で人、モノ、カネ、情報が集中する都市が生まれており、それらは「世界都市」と呼ばれる。つまり、グローバルなネットワークのなかでの最上位都市（群）である。

一九八〇年代に入り、東京もその一つになったとされた。このようなグローバル化の結果として生まれた世界都市をめぐる議論が「世界都市論」である。ここではその内容には深入りしないが、企業立地のグローバルなネットワーク化が進み、それとともに金融や情報のグローバルなネットワーク化が進化した結果、「世界都市」が出現したという点だけを指摘しておきたい(4)。

（4）英国の経済地理学者ピーター・ホール（Peter Hall）は、一九六六年に『The World Cities（世界都市論）』を著しているが、世界都市論がわが国でも話題となってくるのは、社会学者のサスキア・サッセン（Saskia Sassen）や都市計画学者のジョン・フリードマン（John Friedmann）らが「世界都市」を論じ始めた一九八〇年代の中頃以降である。しかし、一九九〇年代初めにバブル経済が崩壊して以降、東京の世界的な地位は低下し続けており、それに代わってシンガポールや香港、上海といったアジアの都市が台頭してきている。東京はもはや世界都市ではないのか、それとも依然としてその地位を保っているのか、今後はどうなのかという議論は現在も続いている。

図２　中心地の階層的な配置

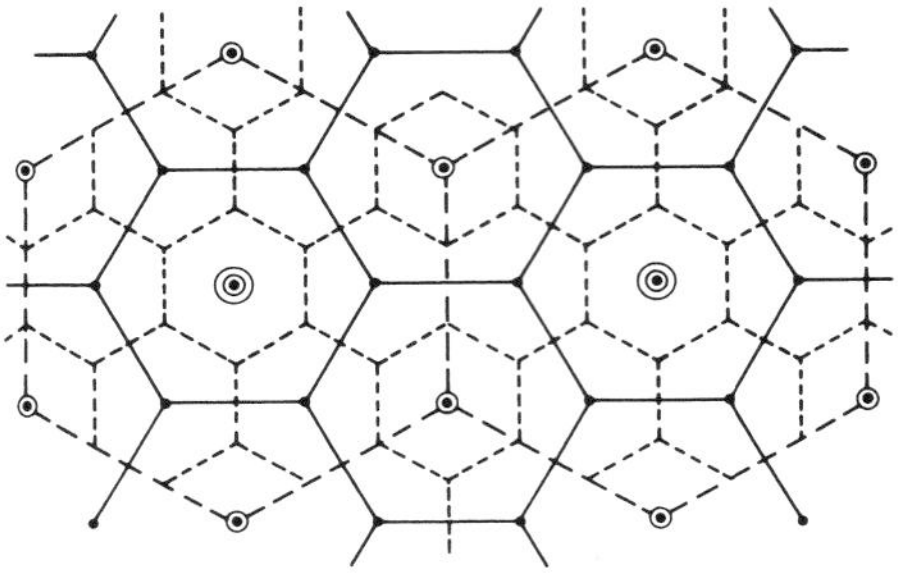

図２は、クリスタラーの中心地モデルである。これに当てはめるなら、小学校の立地点が・にあたり、中学校は☆を結んでつくるより大きな六角形の中心地 ⊙ に立地することになる。高校の場合は ⊙ を結んださらに大きな六角形の中心地◎に立地させればよい、といった具合に階層的な重なりを基に立地点が決まる（大学立地には距離以外の要因が影響する）。

クリスタラーは財の到達限界から見た中心地の階層性を説明しているが、これが小売業の立地モデルとして紹介されている。図２の・をコンビニに、⊙を食品スーパーに、◎を総合スーパーに見立てれば、小売業も「供給する財の空間到達限界の違いによって階層的立地をとる」ことが理解できよう。しかし、現代の小売店舗立地は中心地理論では説明できないことが多い。というのも、クリスタラーはあくまで空間が構造化されていくモデルを考えたのであって、小売企業の立地を考えたわけではないし、また小売企業にとっての店舗は戦略的な成長拠点であり、財の配給拠点ではないからである。その意味で、中心地理論がより適合する施設は、義務教育の学校や郵便局、よろず屋といった企業的な戦略とは無縁のものなのである。

コラム

7　クリスタラーの中心地論と階層的な立地

ピラミッド型のネットワークに基づく施設立地（配置）は、それが立地する都市にも階層的な構造をもたらす。このことを理論的に検討したものが、ドイツの経済地理学者であるクリスタラー（Walter Christaller,1893～1969）が構築した「中心地理論」である。中心地とは、集落や都市を意味する。そこには、商店、銀行、企業オフィス、役所、学校など多様な施設が集まり、周囲の地域（空間）に財やサービスを供給している。ここでは、中心地から供給される教育サービスを例に、この理論の基本である「供給原理」の考え方を説明したい。

まず、空間内に人々が均等に住み、移動を遮断する山や川がない平野の場合、そこに初等教育を合理的に（最小の学校数で）「くまなく」行き渡らせる学校立地を考えてみる。初等教育は小さな子どもを対象とするため、遠くまで通わせることが困難であり、空間的な「到達限界」域が小さい。

図１ａは、小学校の立地と通学限界を示している。通学限界圏を円とすると、通学圏同士を接する形で小学校を配置すると「隙間」ができてしまう。したがって、教育をくまなく行き渡らせるには圏域の円が少しずつ重なるように小学校を配置する必要があることも分かろう。その重なりの部分の中間線をつないでいくと、図１ｂのように小学校を中心とした六角形で空間が覆われる。これが、最小の学校数で初等教育をくまなく供給する空間構造である。

図１　通学限界と小学校（到達限界と中心地）の配列

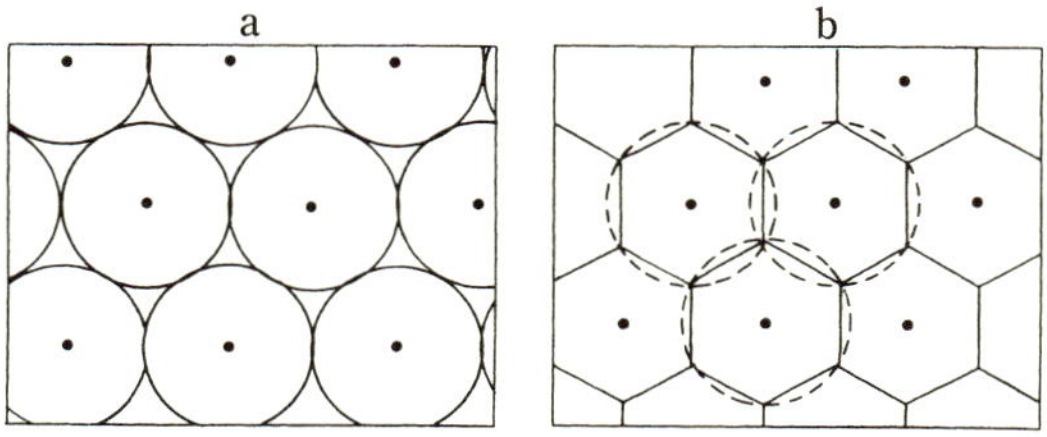

出所）山本健兒『経済地理学入門』原書房、2005年、125頁、図４－１を改変。

〈5〉ハブ・アンド・スポーク型のネットワークと場所のチカラ

さて、二つ目のタイプであるハブ・アンド・スポーク型ネットワークの例は、輸送拠点の立地に見いだせる。**図4―5**（一四八～一四九ページ）は、自社所有の貨物専用機（ボーイング747-400Fを一〇機、同747-8Fを二機）を使って独自ルートで貨物を輸送している日本貨物航空株式会社の路線ネットワーク図である。この路線図を見ると、日本からのアメリカ・ヨーロッパ向けの貨物は、そのほとんどがアンカレッジを経由して運ばれていることが分かろう。つまり、アンカレジ空港が大きな「ハブ」になっている。

また、アメリカに関してはサンフランシスコも小さなハブであり、そこを経由してロサンゼルスとニューヨークにも輸送される。この路線図によると、シカゴにはアンカレッジ経由でしか行けないし、ミラノにもアムステルダム経由でしか行けないことが分かる。

一方、アジア向け貨物は東京、大阪、名古屋からの直行便がほとんどであるため、国内の三空港がアジア向け貨物のハブとして機能していることになる。ただし、よく見るとシンガポールが小さなハブとして機能していることも分かろう。重要なことは、このようなハブ地点には倉庫や関連事務所などの施設が立地するということである。輸送ネットワークの構築は、どこにどんな物流施設を立地させるのかという問題である。

近年、アジア地域では、成田（東京）、関西（大阪）、仁川（ソウル）、浦東（上海）、香港、チャンギ（シンガポール）などの空港がそれぞれ企業のハブ拠点を誘致すべく競争を行っているが、それは航空輸送関係の事業所立地（それに伴う雇用と税収入）を狙ったものである。もちろん、ハブ空港になれるかどうかは、それを利用する企業側のネットワーク戦略の結果なのであるが、空港や地元自治体がハード面（ターミナルや倉庫など）やソフト面（通関手続きの短時間化など）の整備を進めることで各企業に働きかけをしているのである。

わが国のハブ空港については、近年、沖縄県の那覇空港が注目されている。全日空は、二〇〇七年に**図4―6**（一五〇ページ）のごとくアジア向けの貨物輸送について、那覇空港をハブとして利用することで効率化する構想を発表した。つまり、日本とアジアの各空港から出る貨物をいったん那覇に集め、行き先別に仕分けし直して同方向の貨物を集約化することで効率を高めるのである。これは、沖縄県が進める「アジア・ゲートウェイ構想」[5]による誘致の成功事例でもある。那覇空港という「場所」は、そこをハブとして利用すれば大きな「費用節減のチカラ」を有して

（5）　二〇〇七年に当時の安倍内閣が重点施策として推進した構想で、日本をアジアと世界の架け橋とするため「ヒト・モノ・カネ・文化・情報」の流れの拠点としての各種施策展開をめざすものであった。それを受けて、沖縄県は独自のアジア・ゲートウェイ構想をつくり政府に働きかけていた。この誘致は、その一環として行われた。

注）北京は共同運送路線。
(2005年4月1日現在)
出所）日本貨物航空㈱ホームページ。

図４－５　日本貨物航空の路線ネットワーク図

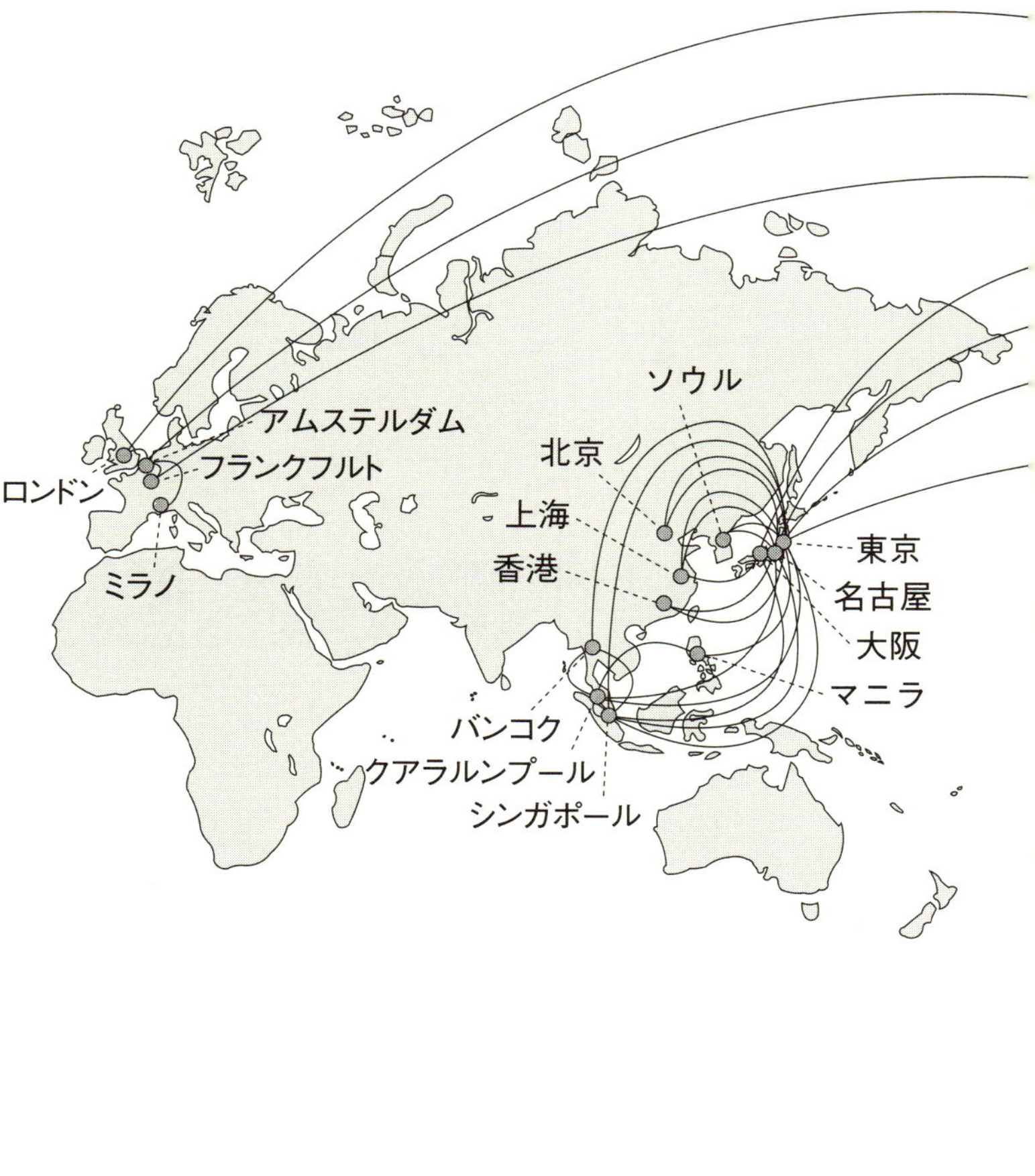

図４－６　全日空による那覇空港のアジア向けハブ化

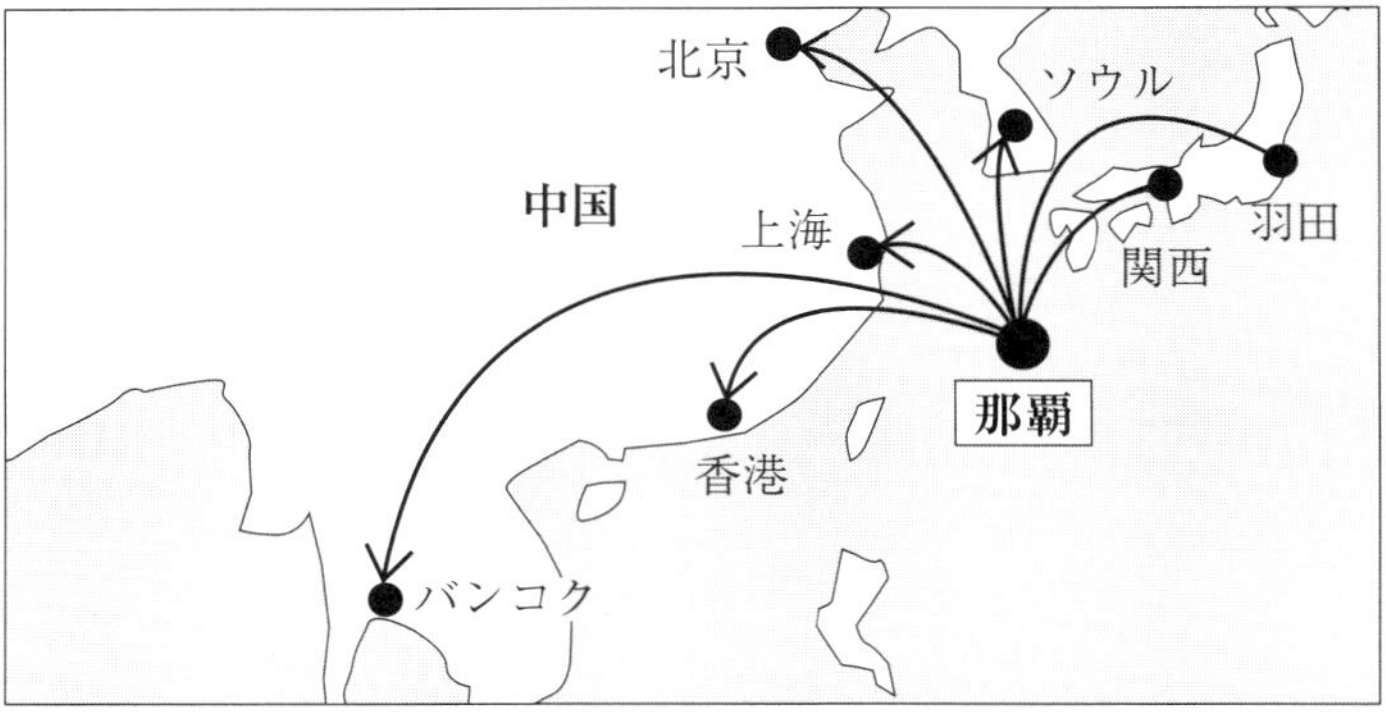

国内各地からの荷物をいったん那覇に集約

出所）日本経済新聞、2007年７月６日付を改変。

那覇空港
（写真提供：那覇市立教育研究所）

いることが認識されたのである。

今後、もし多くの企業が沖縄をアジア向け物流のハブ空港として利用すれば、空港周辺地域には輸送施設が多数立地することになり、多くの雇用が生まれるであろう。

ところで、この物流ネットワーク構築の問題は、コンビニ企業にとっても大きな課題である。セブンイレブンでは、次ページの**図4—7—a**のごとく、当初は多くの納入業者（卸売業者）が直接店舗に配送する方式をとっていた。そのため、配送用のトラックが日に七〇台以上も店の前に到着して荷下ろしと検品作業を行う必要があった。当時はまだ二四時間営業ではなく七時～二三時までの一六時間営業であったため、コンビニの従業員は平均でも約一四分に一台の割合で配送トラックからの荷受け作業や検品作業、商品の棚への陳列を行う必要があった。時間帯によっては、トラックが店舗前に列をなすことも常態化していた。

それが一九八〇年代になると、**図4—7—b**のごとくに各エリアごとに特定の問屋を指定し、その指定問屋がほかの問屋の荷物をまとめて一括して納入することでトラックの便数を減少させる方式を採用した。これが「窓口問屋制度」であった。しかし、それでも荷物の集約化には限界があったため、同社はエリア毎に独自の配送センターを設け、そこに各問屋からの荷物を集約したうえで店舗毎にまとめ直して各店舗に専用トラックで配送する方式を採用した。これが、**図4—7—c**に示した「共同配送センター」方式である。

図4－7　セブンイレブンの物流効率化

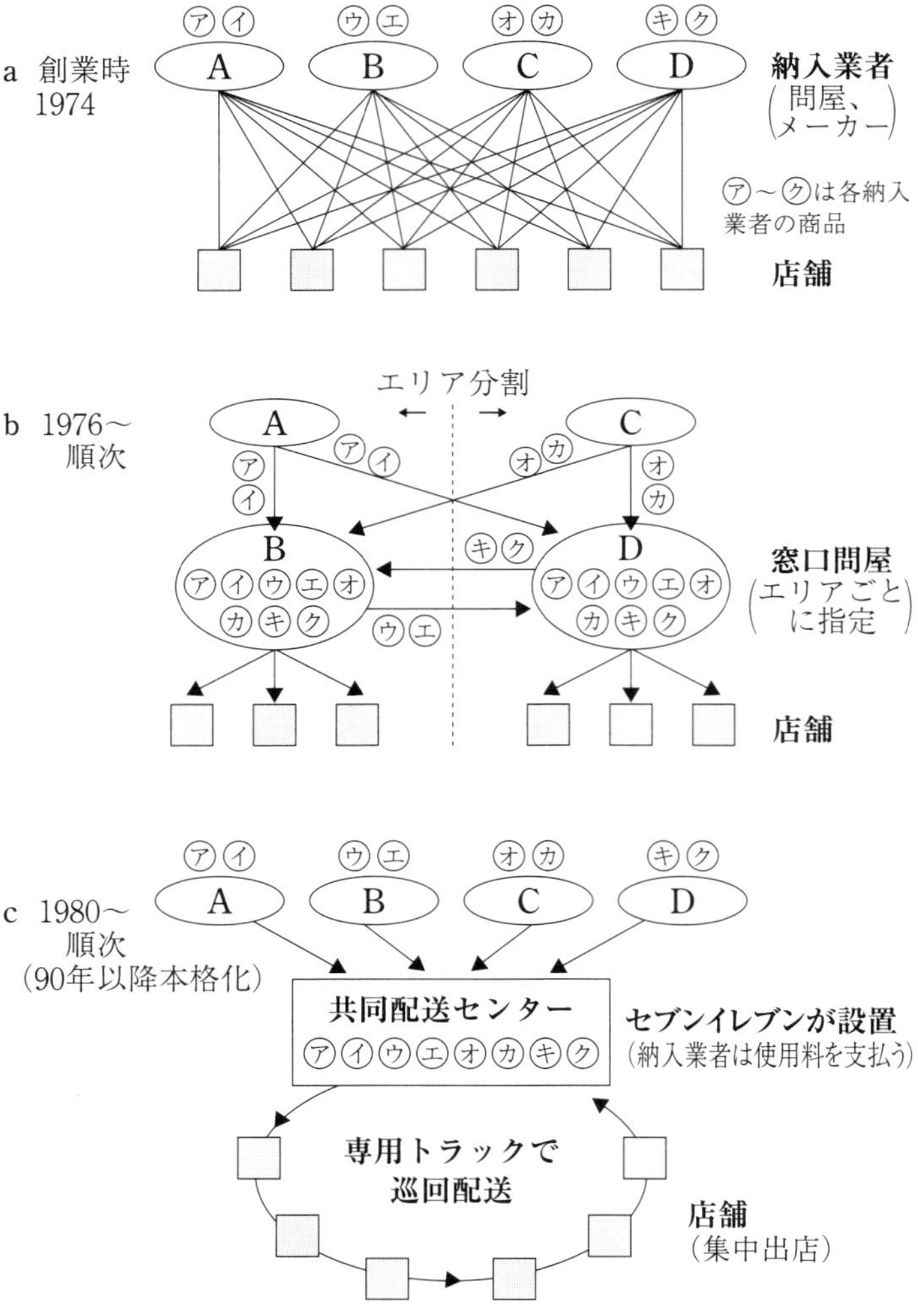

出所）各種資料により筆者作成。

この一連の経緯は、要するに、ネットワークのスポーク数を減らすためにどのような「ハブ」を構築するのかという歴史であった。最終的に配送センターを設置したことで、同社の配送トラック便数は一日に六台にまで削減されている。さらに近年では、物流情報システムの進化によってこのハブ＝配送センター自体の集約化（合理化）も進みつつあり、二〇〇五年には全国に一一〇か所あった物流拠点を四八か所にまで半減させている。

このように、コンビニの物流拠点の立地問題はネットワークの構築とその再編成によって大きな変貌を遂げてきているのである。

なお、このような物流合理化は、近年ではコスト削減の意味よりも二酸化炭素削減への取り組みとしての意義が強調されるようになってきている。地球温暖化の議論は、実は輸送関連施設の立地問題とも密接な関係にあることを認識すべきといえよう。

6　フラット型ネットワークと場所のチカラ

さて、三つ目のフラット型のネットワークだが、現実には、これは組織のあり方よりも多数の事業所間での情報ネットワークのあり方に典型的に見られるものである。もしも、ツリー型やハブ&スポーク型のネットワークにおいて情報を流す（処理する）とすれば、情報の流れる方向があちこちで固定化されたり、何段階ものハブを経由するうちに情報が歪められてしまったりと、非常に非効率なものとなるであろう。

それに対してフラット型では、どこの末端事業所（端末）からでも、本社をはじめとするあらゆる事業所のデータにアクセスできたり、どこの末端事業所（端末）からでもあらゆる事業所に直接的に情報発信ができるようになり、処理効率や情報共有効率は飛躍的に上昇する。それゆえ、一九九〇年代後半にナレッジマネジメント（知識経営）がブームとなると、組織内でイノベーションを創出するためのナレッジの共有化や組織学習、コミュニケーションなどにこのフラット型のネットワークが重要であるとの認識が生まれた。

図4－8　ピラミッド型からフラット型への移項

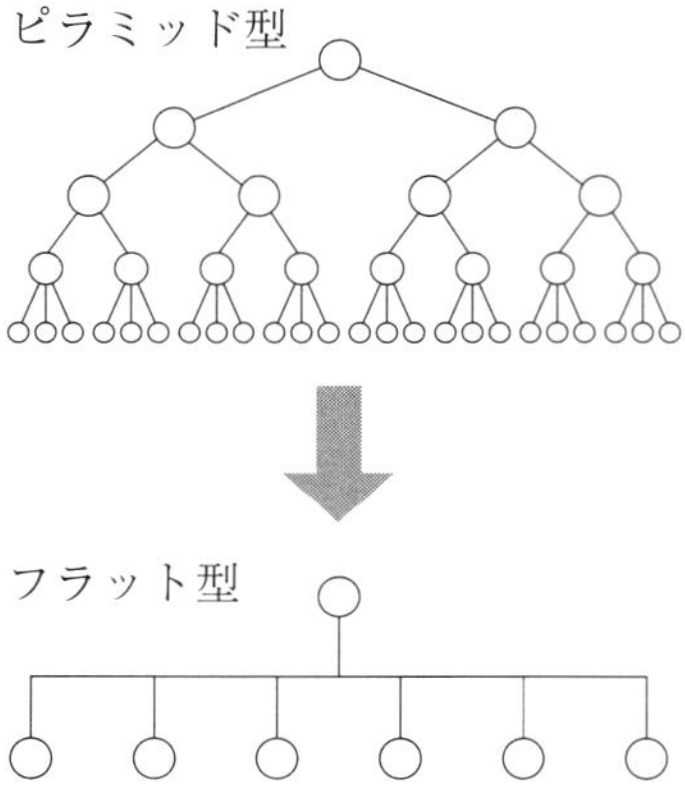

しかし、これは組織内の情報処理や情報共有に関するものであって、組織の業務を効率よく遂行するに際しては、むしろ分業内容や権限・責任・指揮命令系統をある程度明確にしておく必要があり、それらを完全にフラットにすると逆に混乱が生じて業務の処理効率が落ちる。したがって、わが国で一九八〇年代から提唱され始めた企業の「フラット型組織化」とは、実際には**図4―8**の

ようにピラミッド（ツリー）型の多段階制が簡素化されるにとどまったものが多い。

すなわち、一九八〇年代から普及した事業部制やグループ制、一九九〇年代から普及したカンパニー制などを取り込んだ組織のあり方である。このタイプは、それぞれのプロジェクトグループごとに小さくてシンプルなピラミッドが形成されている。その意味では、フラット型組織とは、一つの大きな多段階のピラミッド（ツリー）型組織が、小さくてシンプルなピラミッドの集合体に変化したにすぎない。このように、情報処理ネットワークのあり方におけるフラット型と、業務処理組織のあり方におけるフラット型とは同じでないことに留意すべきである。

では、このフラット型のネットワークは立地にどのように反映されるのであろうか。まず、フラット型の情報ネットワークそのものは、空間的・地理的な制約を受けないために具体的な事業所立地には反映されないであろう。反映されるとすれば、データ処理拠点の立地の部分にかぎられよう。一方、フラット型組織における事業所の立地は、業務や権限の点で大きな差をもたない（階層構造が明確でない）事業所の集合となるため、理論的には事業内容に応じた臨機応変な立地が可能となる。したがって、特定の立地パターンを有さず、ピラミッド型のところで述べたような都市の階層性を明確に反映したものともならないと考えられる。

しかし、実際は多くの企業がフラット型の組織を採用しているにもかかわらず、事業所立地はピラミッド型の組織の事業所立地を継承していることが多いように見える。この要因としては、事業グループは目的に応じてその都度編成されることも多いため、各事業グループ独自の事業所を必ずしも必要としないことが多く、それゆえ、従来の事業所立地が継続される傾向が強いことがあると考えられる。

7 空洞化とネットワーク再編

空洞化とは、基本的には国内の製造業が工場を大量に海外に移転させることで、国内の生産拠点が空《カラ》になる事態を指すが、問題とされるのは、国内の生産拠点がなくなること自体ではなく、それによって雇用の場が減少して失業率が増大すること、国内の経済が停滞すること、そして国内での技術の継承ができなくなって日本の技術力が低下していくことである。

このような「空洞化の危機」は、そもそもはアメリカで一九七〇年代に提起された問題である。当時は、アメリカの多くの製造業がメキシコをはじめとする中南米に移転し、このままではアメリカ本土から製造業がなくなってしまうという危機感が広まったのである。

わが国では、これまでに少なくとも三回、空洞化の危機が叫ばれた時期があった。最初の二回は、いずれも円高による海外生産拡大が背景になっているが、直近のものはいくつかの点でそれまでとは異質であった。すなわち、それは一九九〇年代末から目立つようになった非常に安い労働力を求めた中国への進出（移転）を指すが、中国への生産移転は大企業のみならず中小企業の間でも多く見られ、また円高や円安とはあまり関係なく進行していったり、労働集約的な部門のみならず知識集約的な設計・開発部門までもが移転していったりしたからである。

このような空洞化問題については、一方で空洞化は生じない（生じていない）、あるいは空洞化は中長期で見れば深刻な問題とはならないなどの反論もあり、識者の間でも意見が分かれている。したがって、ここでは空洞化問題自体への深入りは避けて、それとネットワークとの関係に絞って見ていきたい。

さて、空洞化問題というと、とかく円高による輸出難の回避（現地生産化）や、労賃の低下によるコスト削減を狙った海外への工場移転の結果というイメージが強い。確かに、それは間違いではなかろうが、しかしより大局的に見ると、一つの事業所の海外移転は社内の事業所ネットワークの部分的な修正・変更の結果として生じた現象といえる。つまり、立地の視点からとらえるならば、結論的には「事業所ネットワークの最適化」「事業所ネットワークの再編」の結果であるということができる(6)。

(6)　東京大学教授の松原宏は、このような事業所の変動を「立地調整」という概念でとらえた。松原宏編（二〇〇九）『立地調整の経済地理学』原書房。

企業の事業所ネットワークは、いわば企業の内部における「分業」の状態を表すが、他方、企業の外部にある取引先や下請け関連企業との間にもネットワークは存在しており、両者は一体化している。近年では、企業が成長するためには原材料の変化（価格や品質）や市場（需要）の変化、競争環境の変化や規制の変化、為替変動やコスト環境の変化などに対応して、事業所ごとの分業システムといった企業内部のネットワークと、納入企業や販売先との外部ネットワークを臨機応変に変更しなければならない。

換言すれば、常にネットワークの効率性を維持するための「最適化」を図る必要がある。それゆえ、ネットワークはしばしば再編成を行わねばならないが、そのプロセスで不要となる工場や施設、逆に拡張する必要がある工場や施設、あるいはより最適な立地点に移動させねばならない工場や施設が生じてくるのである。すなわち、企業の側から見るならば、空洞化はネットワーク再編の結果としての現象だといえ、よってそれは恒常的なものでもなく、さらなる変化が生じれば空洞化が生じる場所や新規立地の場所も変化してくるのである。

このように、空洞化という現象も、背後のネットワークのダイナミズムのなかで認識される必要があるといえよう。

8 世界最適立地とグローバル・ネットワーク

「最初は東北や九州でも候補地を探したのですが、やはり工場建設のためのコストや賃金などの生産コストが製品価格に見合わないので、海外を考えざるを得なかったのです」（電気機械部品メーカー）

「当時は、すでに主な取引先の主力工場のほとんどが中国に移転していました。我々にとっては納品先＝『市場』が日本から中国に移転したということです。ですから、中国に行かざるを得なかったのですが、行ってみると欧米系、台湾系、中国系などいろいろなメーカーがあって、新しい取引先が多数開拓できたことは大きなメリットでした。もちろん、価格競争は激しいのですが」（アパレル部材メーカー）

「北京に開発部門を移転したのは、言うまでもなく人材獲得のためです。よく知られるように、中国の理工系大学はレベルが高く、非常に優秀で意欲的な人材がたくさんいますから期待をしています。なにせ、研究開発力こそが成長の源泉ですから」（電子機械系メーカー）

製造業の海外進出の動機には多様なものがあろうが、端的には序章で述べた三つの「場所のチカラ」で考えると理解しやすい。つまり、「費用節減のチカラ」「収入増大のチカラ」「付加価値増大のチカラ」のどれを狙って進出したのか、ということである。前述の三つの企業は、順に「費用削減」「収入増大」「付加価値増大」のチカラを重視して、海外の場所を選定したことになる。(7)

つまり、場所のチカラと立地との関係は、海外進出という現象を考えるうえでも重要な視角となるのである。要するに、従来は国内で最適な場所のチカラを探索していたが、それが国外の場所のチカラも選択肢に入れて探索されるようになったということである。製造業から見れば、企業成長のために必要な「費用節減のチカラ」や「収入増大（市場獲得）のチカラ」、あるいは技術開発力などの「付加価値増大のチカラ」を与えてくれる最適な場所を世界中から探し出して立地する行為こそが、海外進出やグローバル化の意味なのである。

ただし、すでに述べたように、現代の製造業は多くの事業所から成り立っており、それらはネットワーク化されている。そして、そのネットワーク効率が常に最大になるように再編が繰り返されている。したがって、海外進出が行われるということは、国内で完結していたネットワークが海外にも拡大してグローバルな視点からその最適化が図られるようになる、ということでもある。

このように、それぞれの事業所機能の特性に応じた最適な場所を求めることを「世界最適立地」といい、それをネットワーク化してそのシナジー（連結）効果を最大化させることを「グローバル・ネットワークの最適化」と呼んでいる。現代の製造業は、このグローバル・ネットワークの最適化をめざしており、コスト環境や市場環境の変化にあわせて再編成も行っている。その再編成のプロセスで、国内から海外への工場移転、海外からの工場回帰、海外工場の集約化や移転（たとえば、タイから中国へ）が行われているのである。

（7）　立地論の視点から多国籍企業の展開を検討したものとしては、製造業については鈴木洋太郎（一九九四）『多国籍企業の立地と世界経済』（大明堂）、鈴木洋太郎・櫻井靖久・佐藤彰彦（二〇〇五）『多国籍企業の立地論』（原書房）、近藤章夫（二〇〇七）『立地戦略と空間的分業』（古今書院）などが、小売業については川端基夫（二〇〇〇）『小売業の海外進出と戦略――国際立地の理論と実態』（新評論）などがある。

図４－９　ホンダのバイク生産におけるグローバル・ネットワーク

出所）本田技研工業㈱ホームページより。

前ページの**図4―9**は、ホンダの二輪車生産のグローバル・ネットワークを示したものである。ホンダは日本と台湾で二輪車の組み立てを行っているが、部品についてはアジア各地で生産し、それを台湾と上海に集めて組み立てている様子が理解できよう。

グローバル・ネットワークでは、各拠点（結節点）の関係性が問題となる。どこでどのようなものを生産し、どこに輸送してどう加工するのか、あるいはどこからのものと合体させ（組み立て）るのか、またそれをどこの市場に輸送し販売するのか、といった「関係」である。もちろん、環境変化によってその再編が行われる場合は、どこの拠点がどのように変化し、全体のネットワーク構造がどう変化するのかが認識されなければならない。

9 巨大小売資本のグローバル・ネットワーク

このようなグローバル・ネットワークは、小売業においても見られるようになってきた。近年、小売業のなかに「グローバル・リテイラー（Global Retailer）」と呼ばれる巨大資本が成長してきている。**表4―2**は、世界の主要な小売業の店舗ネットワークを見たものである。これまでは、小売業は「小さな商売」というイメージもあったが、大手のグローバル・リテイラーは文字通り世界的な規模で活動していることが分かろう。

表４－２　グローバル・リテイラーの店舗ネットワーク（2012年）

国・地域	ウォルマート	カルフール	テスコ	メトロ	オーシャン
アメリカ	4,601		199		
カナダ	373				
メキシコ	2,281				
プエルトリコ	56				
ドミニカ	0	38			
北・中米計	7,311	38	199	0	0
ブラジル	538	235			
アルゼンチン	90	253			
チリ	320				
コロンビア		〈95〉			
南米計	948	583	0	0	0
オランダ				17	
イギリス	564		3,054		
ドイツ				107	
フランス		4,635		93	644
イタリア		1.303		49	1,891
ベルギー		706		12	
ﾙｸｾﾝﾌﾞﾙｸ				2	4
ギリシャ		〈791〉		9	
ポルトガル				10	41
スペイン		343		37	406
トルコ		243	181	27	
アイルランド			139		
オーストリア				12	
デンマーク		〈キプロス16〉		5	
西欧計	564	8,037	3,374	308	2,986
ハンガリー			213	13	37
ポーランド		424	431	41	79
チェコ			366	13	
スロバキア			126	6	
ルーマニア		70		32	11
ブルガリア				14	
クロアチア				7	
モルドバ				3	
ロシア				68	177
セルビア				10	
ウクライナ		（その他80）		33	11
東欧計	0	494	1,136	240	315
日本	435			9	
中国	387	203	125	64	327
韓国			475		
台湾		63		（カザフスタン8	44
シンガポール		〈2〉		パキスタン9）	
マレーシア		〈26〉	46		
インドネシア		〈84〉			
タイ			1,257		
インド	20	13		14	
ベトナム				19	
アジア計	842	391	1,903	123	371
中東計	0	78	0	2	0
アフリカ計	377	85	0	0	0
総　　計	10,042	9,706	6,612	673	3,672

注）太線囲みは各社の母市場。カルフールは2011年末時点。〈　〉は2012年に資本撤退済み。

出所）各社ホームページ、アニュアルレポートを基に作成。

小売業は製造業とは異なり、販売拠点の店舗を世界各国に立地させていくだけだと見られる傾向が強いが、現実には、その裏で大量の商品を各市場で仕入れて海外の店舗に輸出するというグローバルな調達ネットワークを有している。

アメリカ資本のウォルマートにしても、フランス資本のカルフールにしても、巨大なグローバルソーシング（商品仕入れ）のネットワークを世界中に張りめぐらしている。その複雑なネットワークの実態を明らかにすることは難しいが、たとえばカルフールの場合は、中国に二〇〇余りの店舗ネットワークを有すると同時に深圳と上海に巨大な物流センターを設け、大量の商品を集中的に買い付けている。そこで調達された商品は中国国内の店舗にも供給されるが、世界の店舗に向けて輸出されるものも多い。また、イギリス資本のテスコもアジアでは中国とタイに巨大な仕入れ拠点をもち、周辺地域はもとより南米や東欧にある店舗にも輸出している。

グローバル・リテイラーとは、このように世界中から安く仕入れた商品を、また世界中で販売することによって成長を遂げてきた企業なのである。したがって、グローバル・リテイラーにとっては、どこに店舗を立地させるのかという問題だけでなく、どこに商品調達拠点を構えてどこからどこに向けて輸出するのかといった問題も存在しているのであり、販売（店舗）と調達の二つのネットワークが複雑に絡みあっているといえる。その意味では、グローバル・リテイラーもまた、ネットワーク型の企業といえるのである。

第5章

集積の視点から工業の立地を考える

1 1＋1＝3

近年、「集積」への関心が高まっている。集積とは、端的には特定の産業に関係する多くの企業が一か所に集中立地した状態を意味する。それには、製造業を中心とした「産業集積」と商業を中心とする「商業集積」との二つの種類があるが、企業は将来の成長力を獲得するために集積への立地（商業の場合は集積自体の構築）をめざし、また地域の側も将来の成長のために域内に集積地域を形成（または既存集積を活性化）しようとしている。企業や地域がそれらに注目するのは、集積地域が成長戦略にとって重要な「場所のチカラ」を有するからにほかならない。

本章では産業集積を、そして第6章では商業集積を取り上げ、集積地域が有する場所のチカラをめぐる問題に迫ってみたい。

さて、製造業の集積である産業集積のもっとも有名な例は、アメリカのシリコン・バレー（カリフォルニア州）であろう。そこには世界を代表する先端産業の事業所（研究所、工場、本社、支社など）が集中立地しているが、そのような先端産業の集積は、**図5―1**のようにアメリカ国内に多数見られる。また先端産業の集積は、アメリカだけではなくイギリスのオックスフォードや台湾の新竹市、北京市の中関村地区など世界各地に形成されている。もちろん、産業集積は何

図５－１　アメリカの先端産業集積地帯

出所）独立行政法人中小企業基盤整備機構ホームページ内「海外事務所駐在員レポート」より。

シリコン・バレー（サンノゼ周辺）
Photo by Ⓒ Tomo. Yun（URL http://www.yunphoto.net）

も先端産業の集中地域だけをいうのではなく、伝統的な地場産業地域や工業地帯もそれにあたる。
たとえば、東京の大田区や東大阪市の町工場の集積は有名であるし、ヨーロッパでは北イタリアの中小企業の集積地域（サード・イタリア）が知られている。(1)さらに、一九九〇年代末頃からはニューヨークやサンフランシスコの都心におけるマルチメディア系企業の集積（シリコン・アレーやマルティメディアガルチ）や、東京の渋谷界隈、それに大阪のアメリカ村周辺におけるIT系企業の集積も注目されるようになった。(2)

このように、産業集積にはバラエティがあるが、集積については明確な定義があるわけでもなく、その集中度や地理的な範囲（規模）および構造的な特性などについても曖昧な点が多いのが実態である。その意味では、まだ研究途上にあるといえよう。

ところで、このような集積が形成される理由は何であろうか。その理由を端的にいうなら、そこに「集積の利益」(3)と呼ばれる「場所のチカラ」が発生しているからである。具体的には、同業者やその関連業者が近接立地していることで相互の取引費用などが削減できる「費用節減のチカラ」、集積した企業が必要とする部材やサービスの市場がもたらす供給業者にとっての「収入増大のチカラ」のほかに、優秀な人材の育成・獲得やイノベーションの獲得という「付加価値増大のチカラ」もある。

このような集積状態がもたらす場所のチカラ＝集積の利益のことを比喩的に表現するなら、単純な集中立地では「１＋１＝２」にしかならないが、それが集積に発展することによって「１＋１＝３」にも「１＋１＝５」にもなるということである。

このように、産業集積は単に事業所が並んで立地していること（集中していること）をいうのではなく、その事業所群が新たな「場所のチカラを生み出す装置」として機能する点に注目しなければならない。つまり、集積はそれ全体が一つの動的な構造体（産業システム）として機能し、集積内の各企業に新たな「集積の利益」をもたらすものであることが重要なのである。企業は、そこに注目してさらに集まってくるのである。

（１）イタリアは、古くから重工業地域の北部と農業地域の南部に二分類されてきたが、一九七〇年代中頃から先進的な中小企業集積（伝統的な繊維産業など）をベースに発展している北部の一部を、第三のイタリア＝サード・イタリアと呼ぶようになった。この集積地域の発展のカギは大量生産体制から「柔軟な専門化」への転換にあると指摘したマイケル・Ｊ・ピオリ、チャールズ・Ｆ・セーブルの『第二の産業分水嶺（The Second Industrial Divide、1984）』（山之内靖ほか訳、筑摩書房、一九九三年）の刊行によって一躍有名になった地域である。

（２）マルチメディア企業の大都市内集積については、小長谷一之・富沢木実共編『マルチメディア都市の戦略：シリコンアレーとマルチメディアガルチ』（東洋経済新報社、一九九九年）に詳しい。

（３）「集積の利益」とは、後述のごとくＡ・ウェーバーが最初に提唱した概念であり、もともとは集積による費用節減が「利益」の内容とされた。しかし、本章でも述べるように、近年ではポーターの影響もあり、「集積の利益」の内容をイノベーション力の獲得といった付加価値の増大などに求める傾向も見られる。

この「集積の利益」のなかでも、企業の成長戦略上とくに重視されるのがイノベーションの獲得をはじめとする「付加価値増大のチカラ」である。たとえば、シリコン・バレーには、世界的な先端企業の研究所や生産拠点だけでなく、優秀な人材や新しい知識を創出する理工系大学、新しいビジネスを創出するベンチャー企業、それらに資金を提供する投資機関や個人投資家（「エンジェル」と呼ばれる）、そしてベンチャーを支援する公的機関やNPOなど、多様な企業や機関、個人が集まっている。その集積の内部ではさまざまな人が行き交い、さまざまな情報や資金が流れ、それが新たな技術や知識、ビジネスチャンスを生み出している。さらに、そのシリコン・バレーの集積の付加価値の獲得をめざしてさらなる企業集積が生じ、ますます大きな付加価値を生むようになるのである。

一方、シリコン・バレーとは集積の内容が異なるものの、東京の大田区や大阪の東大阪市などの町工場地帯でも似たような状況が生まれている。つまり、多数の機械・金属系の町工場や中小企業の間にさまざまな人が行き交い、多様な技術・知識や資金が流通することで複雑な分業体制や企業ネットワークが形成され、集積全体で高い技術水準を維持し、大きな付加価値を生み出しているのである。このような姿が産業集積の典型的なイメージである。

また、このような集積における「場所のチカラ」を求めて企業（同業者や関連産業）が集まってくることで集積は累積的に成長していくこととなり、さらなる大きな場所のチカラを生み出していくことになる。逆に、何らかの要因で集積の場所のチカラが低下すると、今度は集積が崩壊に向かうサイクルができることもある。このように、産業集積は成長あるいは衰退する動的な存在なのである。

ところで、この集積が成長するメカニズムについては、プリンストン大学教授で二〇〇八年のノーベル経済学賞受賞者のポール・クルーグマン（四〇ページ参照）と、京都大学名誉教授の藤田昌久（一九四三〜）が「収穫逓増」という概念に基づいたモデル化を行っている。[4]

収穫逓増とは、たとえばある特定の場所にカネ、モノ、ヒト、そして情報などが累積的に集中して、空間的な格差が拡大していくメカニズムのことをいう。たとえば、競争の勝者にますます利益が集まる現象、業界のリーダー企業にますます技術力と競争力が集中していく現象などもそれにあたる。よって、集積もこのような収穫逓増のメカニズムで累積的に不均一が拡大した結果、形成されたものだと考えるのである。

クルーグマンと藤田は、その収穫逓増のメカニズムを複雑系の経済学に依拠してモデル化することに成功した。経済の空間的な問題は、数学的なモデル化が難しかったことから長らく主流派

（4）その成果については、M. Fujita, P. Krugman, and A. J. Venables (1999), *The Spatial Economy: City, Regions, and International Trade*, MIT.（小出博之訳『空間経済学』東洋経済新報社、二〇〇〇年）を参照のこと。

の経済学者たちが避けてきたテーマであったが、そのテクニカルな障壁が取り払われたことで空間経済モデルの研究という新たなテーマを提供することになった。またそれは、これまで経済空間の問題を扱ってきた経済地理学への関心も高めることとなった(5)。

〈2〉なぜ、企業立地が集中するのか

産業集積に関するとりあえずの理解ができたところで、集積という現象そのものの成り立ちについて考えてみたい。集積とは、そもそもは同種の企業の立地が集中することから始まる現象である。では、なぜ集中するのか、そしてなぜその集中状態が維持され、さらには成長して集積と呼ばれる付加価値をもたらす存在に発展するのであろうか。

産業集積の研究の歴史は、一九世紀のアルフレッド・マーシャル(Alfred Marshall,1842~1924)にまで遡ることができる。彼は『経済学原理(Principle of Economics)』(一八九〇年)のなかで集積を検討している(第四編一〇章)。

マーシャルは、ドイツの伝統的な地場産業地帯を事例に、それが歴史的に辿ってきた経緯を詳細に分析し、自然条件、職人の移住、国民性あるいは宮廷の保護といった要因が集積を維持・発展させてきたことを明らかにした。また、集積内では技術の伝承・伝播や、技術革新(イノベー

ション）などが生じやすく、関連産業も発展するなどの利益があるとする一方で、特定領域の技術者への需要集中、地代の上昇、原料枯渇といった不利益も生まれることを指摘している。

とはいえ、マーシャルの研究は歴史的な記述に立脚したものであり、理論と呼ぶには適さない。その点では、集積の原初的な形成メカニズムを初めて理論的に解明したA・ウェーバーが注目されよう。彼は一九〇九年に著した『工業立地論（Reine Theorie des Standorts）』において「集積の利益」という概念を提唱し、企業はそれを求めて集積を形成することを理論的に示した。すでに紹介したように、ウェーバーの工業立地論では、原材料の所在地や市場と工場とを結ぶ輸送費の総和が最小になる地点が最適立地点とされている。しかし彼は、企業にとっての最適立地点が必ずしも最小費用地点と一致しない場合もあることを示している(6)。

（５）とはいえ、経済地理学が長らく研究の対象としてきたのは、経済活動を担う人間が生活する実体としての空間＝地域・場所であり、したがって、その実体空間が有する構造的な課題の解明と解決への政策的な道筋の模索もテーマとなってきた。新古典派経済学がそのモデル構築にあたって無視してきたのは確かに空間そのものであるが、同時に実体としての空間＝地域も無視してきた。よって、空間の要素をモデルに取り込むことと経済地理学がテーマとしてきた空間（＝地域）的問題の検討との間には依然として大きなギャップも存在している。

（６）ウェーバーは最小費用地点から立地を偏倚させる要因として、安い労働力の効果も指摘している。つまり、安い労働力が最小費用地点以外の場所に存在する場合、賃金の節約分が最小費用地点からそこに立地移動することで増大する輸送費よりも大きいときに立地が移動するとした。

図５－２　ウェーバーの工業立地論における集積

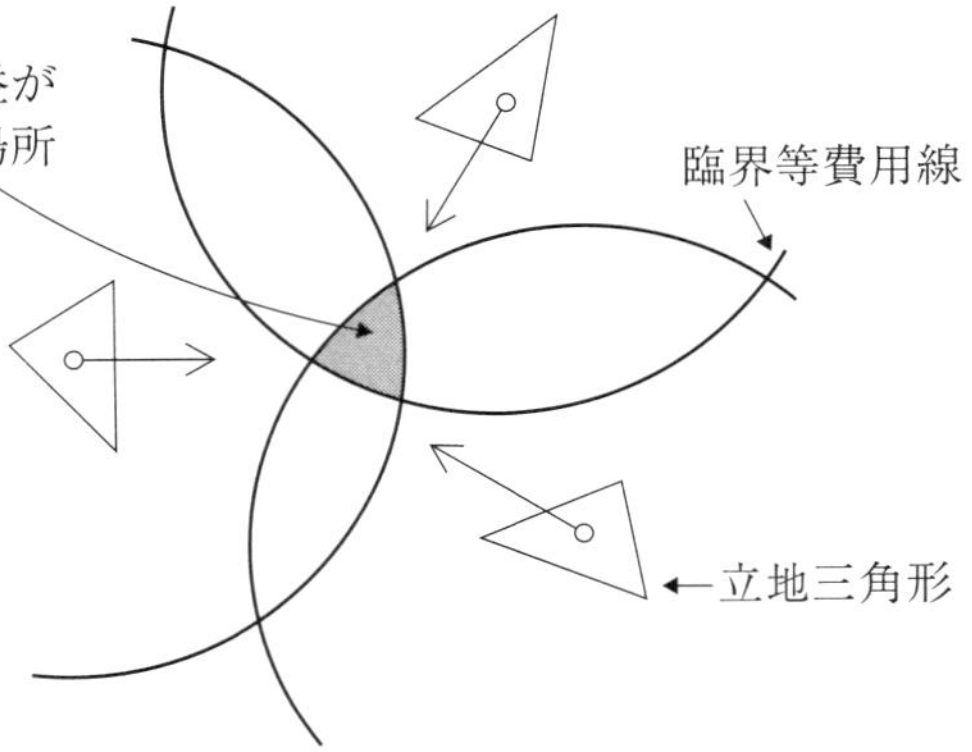

出所）山本健児『産業集積の経済地理学』法政大学出版、2005年、79頁。
原出典）A. Weber, *Ueder den Standort der Industrien*（1922, S.135）

　その一つが、集積がもたらす費用節減の利益（費用節減のチカラ）による立地移動なのである。**図5―2**のように、それぞれ最小費用地点に立地している三つの工場がある場合、それらが真ん中に集中して立地すればそこには専門的な下請け企業や専門的な労働市場が生まれたり、インフラの共同整備・利用が可能となったりと、さまざまな面で費用節約効果が生じる。その費用節約分が、最小費用地点から集積地点に立地移動することで増大する輸送費よりも大きい場合は立地移動（集積）が生じると説いたのである。

　このウェーバーの研究は、産業集積の「形成メカニズム」を解明している。すなわち、本来ならそれぞれの企業にとっての最小費用地点にバラバラに立地するはずであるのになぜ一か所に集中してしまうのか（なぜ、集中立地しようという意思決定がなされるのか）、というもっとも基本的な疑問への回答を理論的に示したのである。

このようなウェーバーによる原初的な「形成メカニズム」の解明に対して、一旦形成された集積がなぜ維持・発展していくのかという「維持・発展のメカニズム」に焦点をあてたのがマーシャルであった。

マーシャルの研究の特性は、外部経済の視点から集積を検討していることである。つまり、各企業と外部（同業者や取引先あるいは集積地域の環境や政策）との関係から集積の維持・発展メカニズムをとらえようとしたのである。これは、ウェーバーが個別企業（内部経済）の利益（コスト削減）との関係から集積のメカニズムを論じたことと対照的である。また、ウェーバーが輸送費の節減という視点から企業立地を理論化したうえでそこから演繹的に集積のメカニズムを導出したのに対して、マーシャルの研究は歴史記述をベースにした帰納法的なアプローチで集積のメカニズムを説明した点も対照的といえよう。

以上のように、理論としてはウェーバーの研究が重要となるが、近年の産業集積を巡る議論ではマーシャルのほうがより注目を集めている。というのも、彼は集積が持続する要因として「技術や知識の発生や移転」「産業風土（産業上の雰囲気）」などを挙げているからである。もちろん、それらは理論化が難しい曖昧なものなのであるが、序章の「エピソード1　場所の空気が企業を惹きつける」で示したような、現代企業の立地行動の実態にも通じるものがあり、興味深い。

〈3〉クラスターと場所のチカラ

序章でも紹介した経営学者のM・ポーターは、「ダイヤモンド・モデル」だけではなく「クラスター」という重要な概念を提唱したことでも知られる。ポーターは、特定分野で突出して成功している企業が育っている国や地域、都市には必ずこのクラスターが存在しており、それがそこに立地する企業の競争力に大きな影響を与えているというのである。

クラスターとはもともと「ブドウの房」を意味する言葉であって、「特定分野における関連企業、専門性の高い供給業者、サービス提供者、関連業界に属する企業、関連機関（大学、規格団体、業界団体など）が地理的に集中し、競争しつつ同時に協力している状態を言う」（Porter,1998,II、竹内訳書六七ページ）、あるいは「ある特定の分野に属し、相互に関連した、企業と機関からなる地理的に近接した集団である」（Porter,1998,II、竹内訳書七〇ページ）とされる。要するに、さまざまな企業や関連産業・関連機関がブドウの房状に連なっている状態を指すのである。

よって、クラスターは「関連産業・機関の集団」と一言で表現することもできるが、その構成要素の範囲は非常に幅広く、いくつもの産業分野にまたがっており、また内容的にもハイテクからローテクまで多様なものを含んでいる。クラスターの関連産業の広がりや地理的な広がりをどう考えるのかについては明確な定義はなく、そこに立地する企業の業種・分野あるいは戦略などによって異なってくるとされる（Porter,1998,II、竹内訳書七〇〜七九ページ）。

ところで、このクラスターは産業集積と同義に使われる場合も多いが、筆者は区別したほうがよいと考えている。その理由は、集積の発展段階に沿って考えると分かりやすい。

まず第一段階は、原初的な特定分野の企業の集中立地（偶然的なものを含む）ができ、それに誘発されて関連産業がその周囲に集まってくる、もしくは偶然的に立地していた関連産業の近くに特定分野の企業が集まってくる段階である。この状態は、厳密には産業集積とはいえない。というのも、企業間の関係がたいして緊密ではないからである。

第二段階は、その関連産業の集団が次第に拡大・連結（ネットワーク化）して、そこに「場所のチカラ」が生じてきた状態をいう。つまり、特定分野の企業にとって、費用節減や収入増大のチカラだけでなく付加価値増大のチカラ（あるいはその一部）が生まれてくるのである。

たとえば、その地区内では専門的で高度な外部業者の探索費用やそれへのアクセスコストの節約も可能であろうし（費用節減のチカラ）、地区内には中間財やサービスの販売先も多数存在するし市場情報も豊富となろう（収入増大のチカラ）。さらには、高度な専門技術者の市場が形成されたり、さまざまな人的交流が生まれてイノベーションのチャンスが存在したりもする（付加価値増大のチカラ）。これが「クラスター」なのであり、その場所のチカラによる競争優位性の獲得（たとえば、イノベーション力の獲得など）をめざして、その地区にさらなる企業の立地が誘引されることになる。つまり、クラスターは集積をもたらす「地域的な基盤環境」として存在し機能しているといえよう。

第三段階では、このクラスターに引き寄せられた企業の立地が増大し、それがさらなる関連産業や人材、資金を引き寄せる（クラスターを強化する）という「累積的な循環」が形成される。これが、産業集積と呼ばれるものの典型的な姿である。したがって、産業集積の段階に至ったのちのものを見ると、そこには企業の集積とクラスター（関連産業の集団）とが重なって存在することになり、両者を一体的に認識できる。その意味においては、両者を同義に用いてもよかろうが、そもそもクラスターは集積形成の「地域的な基盤環境」と位置づけるほうが適切であろう。

4 産業集積をつくり出す

もしも、シリコン・バレーのような世界的な集積地区が「わが国」にあれば、国際的な産業競争力は飛躍的に上昇するであろう。そのような集積地区には、放っておいても世界中から企業と資金、才能のある技術者や研究者、そして知識や情報が集まり、幅広い関連産業も発展して大量の雇用が生まれ、その結果、大きな税金が転がり込むことになる。

さらに、もしそれが「わが町」にあれば、税収は飛躍的に増え、若者の働く場所も急増し、人口流入によって町が活気づくことは間違いない。その意味で、国家の産業戦略の視点からも、また自治体の産業政策や町おこしの視点からも「集積」には熱いまなざしが向けられてきた。

産業集積やクラスターを政策的に構築または再生（活性化）しようとする動きは、一九九〇年代後半から顕著になってきた。その動きには二つのものがある。

一つは、既存の衰退しつつある地場産業地域の価値を再評価し、それを産業集積という新たな視点から活性化しようという動きである。これは、一九九七年に施行された国の「特定産業集積の活性化に関する臨時措置法」による補助金制度の創設がきっかけとなって全国に拡大していった(7)。

この背景には、製造業の海外進出の進展のなかで、日本国内のモノづくり基盤が消滅しつつあるという空洞化への危機感があった。衰退しきった地場産業地域や町工場地域の職人たちが有するローテクの象徴のような職人技や、そこでの下請け中小企業が果たしている機能こそが、実は

（7）もともとは、一九九二年の「特定中小企業集積の活性化に関する臨時措置法」を発展的に解消し新法に統合して、施策の充実と対象の拡大を図ろうとするものであった。

日本の国際的な産業競争力を支えているのだという認識が強くなってきたのである。それゆえ、それらの地域や企業を「サード・イタリア」などの成功例にならって、活性化していく道を探ろうとするものである。

いま一つのものは、新たに集積を形成しようとする動きである。具体的には、特定地域内の既存の企業や大学などをネットワーク化して、それを特定産業の集積を生み出すクラスターに育てあげようとするものである。二〇〇一年から国が始めた「産業クラスター計画」では、経営者や技術者、研究者、資金提供者といったさまざまなメンバーが人的ネットワークを形成し、その人的ネットワークのなかでメンバーが相互に競争・協調することによって各地域に競争力のある産業クラスターが創出されることがめざ

サード・イタリアのネクタイ工場（写真提供：上野和彦氏）

されている。また、この産業クラスターが苗床となって中堅・中小企業の新事業展開が促進され、大学発のベンチャーが生み出されることも期待されている。

この計画は、当初は一九のプロジェクトが進行していたが、二〇〇六年には**図5―3**に示すごとくの一七のプロジェクトに再編されている。

しかし、本当に強力なクラスターが育ちつつあるのかは確認し難たい面もある。というのも、クラスターには域内で関連する諸産業・諸機関が自律的に拡大・強化していくダイナミズムが形成されねばならないが、その確認にはある程度の時間が必要となるのである。また、イノベーションの基盤環境が存在するかどうかは、結局は企業の側の戦略やマネジメントに負う部分が大きいからである。

つまり、クラスターが提供する場所のチカラと、そのチカラをどう評価し、どのように活用してイノベーションに結びつけるのかは別次元の問題だからである。その点では、企業側がより積極的に場所チカラを生かす努力やノウハウの取得が必要となろう。(8)

なお、二〇〇七年六月には、各地方ごとの産業集積形成を支援する「企業立地の促進等による

(8)　ポーターは、企業側の課題として「イノベーションが生まれるには圧力と課題が必要」(竹内訳書、四一ページ)とし、強いリーダーシップのもとで、あえて高いハードルに立ち向かう努力をしたり、もっとも強力な競合他社から学んだり、変化の兆候に早く手立てを打つことなどが必要だとしている(竹内訳書、四二一～四三ページ)。

①
北海道経済産業局
◇北海道スーパー・クラスター振興戦略Ⅱ
情報・バイオ分野　約750社　21大学

②
東北経済産業局
◇TOHOKUものづくりコリドー
モノ作り分野　約750社　48大学

③
関東経済産業局
～広域関東圏産業クラスター推進ネットワーク～

◇地域産業活性化プロジェクト
- 首都圏西部ネットワーク支援活動（TAMA）
- 中央自動車道沿線ネットワーク支援活動
- 東葛川口つくば（TX沿線）ネットワーク支援活動
- 三遠南信ネットワーク支援活動
- 首都圏北部ネットワーク支援活動
- 京浜ネットワーク支援活動

モノ作り分野　約2,290社　73大学

◇バイオベンチャーの育成
バイオ分野　約380社　19大学

◇情報ベンチャーの育成
IT分野　約560社　1大学

④
中部経済産業局
◇東海ものづくり創生プロジェクト
モノ作り分野　約1,110社　30大学
◇東海バイオものづくり創生プロジェクト
バイオ分野　約60社　51大学
◇北陸ものづくり創生プロジェクト
モノ作り分野　約240社　13大学

⑤
近畿経済産業局
◇関西バイオクラスタープロジェクト　Bio Cluster
バイオ分野　約450社　35大学
◇関西フロントランナープロジェクト　Neo Cluster
モノ作り分野・エネルギー　約1,530社　34大学
◇環境ビジネスKANSAIプロジェクト　Green Cluster
環境分野　約140社　10大学

⑥
中国経済産業局
◇次世代中核産業形成プロジェクト（モノ作り分野）
◇循環・環境型社会形成プロジェクト（環境分野）
両プロジェクト　約290社　17大学

⑦
四国経済産業局
◇四国テクノブリッジ計画
モノ作り、健康・バイオ分野、
約400社　5大学

⑧
九州経済産業局
◇九州地域環境・リサイクル産業交流プラザ（K-RIP）
環境分野　約250社　19大学
◇九州シリコン・クラスター計画
半導体分野　約410社　33大学

⑨
沖縄総合事務局経済産業部
◇OKINAWA型産業振興プロジェクト
情報・健康・環境・加工交易分野
約250社　4大学

図５－３　産業クラスター計画（Ⅱ期）17プロジェクト

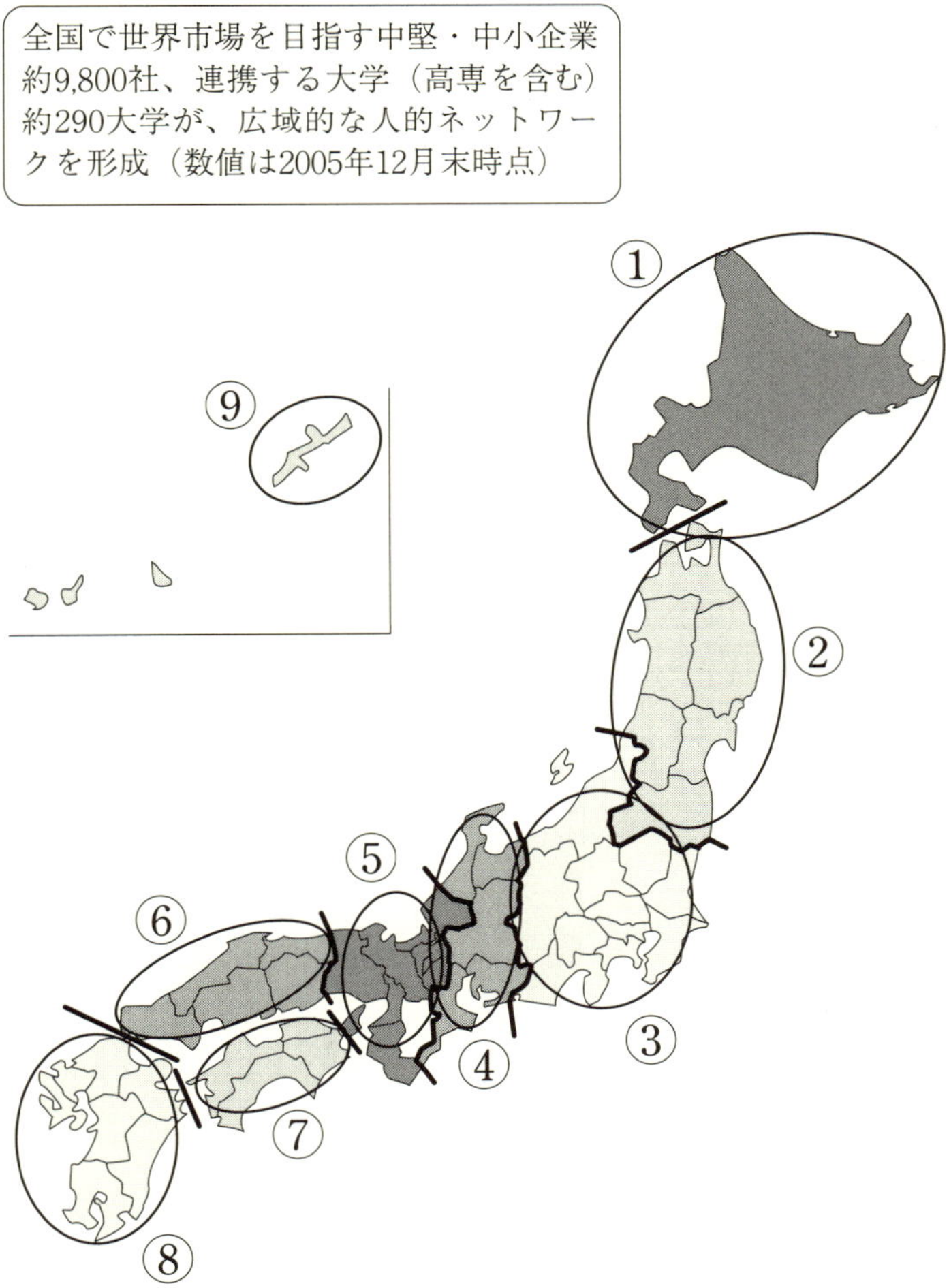
全国で世界市場を目指す中堅・中小企業
約9,800社、連携する大学（高専を含む）
約290大学が、広域的な人的ネットワー
クを形成（数値は2005年12月末時点）
①
②
③
④
⑤
⑥
⑦
⑧
⑨

出所）関東経済産業局ホームページより。

地域における産業集積の形成及び活性化に関する法律」も施行されている。さらに、各自治体が独自に取り組むプロジェクトも多数存在していることを指摘しておきたい。

5 温かみのある産業集積

このように、産業集積やクラスターの形成をめざした取り組みは全国でなされているのであるが、理想と現実とのギャップもまた明らかになってきている。

「このあたりには確かに工場や研究所がたくさん並んではいますが、ほかに何もない殺伐とした場所です。仕事が終わっても、ちょっと職場の仲間と飲む場所もほとんどないですし、雰囲気のよい喫茶店があるわけでもなく、周囲は工場と倉庫とそしてトラックが走る道だけです。とにかく、早く繁華街に出て楽しみたいと思いますよ」(「産業集積」形成指定地区で働く社員)

「隣の研究所で何をしているのかなんて、企業秘密ですから分かるわけがないですよ。そもそも、研究員と出会うこともありませんしね。どこの研究所の従業員もみんな車で遠くから通っていますから交流なんて生まれません」(「先端系集積地区」に立地する研究所の研究員)

ポーターの研究でも、またサード・イタリアやシリコン・バレーの分析においても、産業集積内での人的な交流（ネットワーク）が重要な役割を果たすことが指摘されてきた。もちろん、その場合の交流には多様なものが考えられる。取引先とのフェイス・ツー・フェイスの打ち合わせ、投資家との面談、業界団体での付き合い、仕事仲間との語らいといった仕事がらみの交流だけではなく、近所の人々とのパーティー、子どもの通う学校の役員会、地域のボランティア、教会の仕事を通したもの、カフェやバーでの顔なじみなど多様なネットワークがあろう。それゆえに、その交流のあり方は国や地域の特性を反映する面がある。

わが国でも、産業集積内での人的な交流の重要性がしばしば強調される。しかし、とくに日本人の男性の交流の仕方はかなり限定的なものである。欧米ならば、近所や地域、子どもや学校、宗教を介した交流が活発であろうし、知り合いになった者同士が互いの家庭に招かれることも多い。しかし、日本では元来そのような日常的な交流がほとんどない場合が多い。自宅と職場の往復に終始しているのである。交流は、もっぱら「飲み屋」で行われているのが実態であろう。

結果的に、産業集積内に交流を創出するために、わざわざ「交流施設」「交流拠点」なる箱モノが税金で造られるケースも多い。多くの場合、そこには公的な産業支援機関や地域の業界団体が入居し、研修室や交流室が設けられ、場合によってはレストランや宿泊施設などが備わる場合もある。そこでは、各種のセミナーや講演会、各種の会議、あるいは地域のイベントなどが行われるが、それらは短時間の催しであり、それが終わると参加者はそそくさと会社や自宅に散っていくこととなる。これでは、本当の意味での地域内での知識流動が生じるはずがない(9)。

そもそも、産業集積は一つのコミュニティーだととらえる見方もある。序章の「エピソード1場所の空気が企業を惹きつける」で示した東京・シブヤには、一九九〇年代末にＩＴ系企業での成功者たちが呼びかけて組織した「ビット・バレー・アソシエーション」というコミュニティー（グループ）があった。それがメンバー交流のためのパーティーやイベントを盛んに催したこともあり、そこにＩＴ系の若い人々が集まってきたことが集積拡大のきっかけとなっている。コミュニティー（人の交流の輪）のメンバーになることと、オフィスをシブヤに立地させることが重なっていたといえる。つまり、シブヤのＩＴ集積のカギはコミュニティーにあったともいえよう（**コラム8**参照）。

とはいえ、産業集積内のコミュニティーもそれが魅力的なものでないと意味がない。魅力的なコミュニティーには魅力的な環境が重要である。別の言い方をすれば、産業集積やクラスターの周辺が豊かな生活の場として発展していなければならないということである。

シブヤは、ＩＴ系の先端的な若者達を満足させ惹きつける「先端的な街」であったことがコミュニティーを成長させた背景であろう。シリコン・バレーを見ても、過ごしやすい気候はもちろん、高学歴で何事にもこだわりをもつ技術者たちを満足させるレストランやバー、おいしいカルフォ

コラム

8　渋谷の IT コミュニティー

かつて渋谷には「ビット・バレー・アソシエーション」と称するIT系のベンチャーの経営者を中心としたコミュニティーがあった。それは、ニューヨークのシリコンアレーを育てた母体となったニューヨーク・ニューメディア・アソシエーション（NYNMA）や、アメリカ西海岸のマルチメディア・ディベロップメント・グループ（MDG）という NPO をモデルとしていた。米国のそれらの IT コミュニティーは、パーティーなどを通して域内の交流を生じさせて新興ベンチャー企業の底上げを図るコミュニティーであった。

渋谷のビット・バレーは、1999年３月にシブヤ発のインターネット・ベンチャー「ネットエイジ」の西川潔社長が呼びかけ人になって立ち上がったとされる。米国と同様に、渋谷界隈の IT 系企業の交流と、ベンチャーの底上げを狙ったものである。ほどなくこのコミュニティーは NPO 組織になるが、その頃から知名度も上がったためメンバーが急拡大して2000年１月末には4,600人を超えた。月例パーティーも、当初は150人程度の参加者が1999年末には1,000人を超え、翌年初めには、IT バブルの影響もあって2,000人を超える規模になったとされる。

しかし、数が増えるにつれ、ベンチャーとは名ばかりの単なる夢に浮かれた若者達も多数集まるようになった。当時は、インターネットを活用したビジネスモデルが主流であったが、内容的に極めて拙いものも多かったとされる。結局、IT バブル崩壊（2000年夏）とともにビット・バレーも崩壊してしまった。

その後は、有力視されていた IT 企業の行き詰まりが相次いだり、2006年のライブドア事件などでイメージが悪化したりして、シブヤの IT ベンチャーブームも一段落する。とはいえ、渋谷にはまだ多くの IT 系の技術者や小零細企業があり、それらの間での草の根的なコミュニティーがあちこちで活動しているとされる。その意味では、集積内コミュニティーの原点に戻ったと言ってもよかろう。いずれにしろ、集積形成とコミュニティーとの関係を考える興味深い事例だといえよう。

ルニアワインが揃っているし、周辺は自然に恵まれた環境で休日のレジャー（気分転換）にも事欠かない。それは家族にとっても魅力的で、ショッピングセンターもあり、中心都市には洒落たレストランや商店も並んでいる。

わが国のクラスターや産業集積形成の政策の限界は、詰まるところ魅力的なコミュニティーを支える豊かな生活の場（街）を整備することに補助金が使えないことではなかろうか。こだわりの人々を満足させ、「あんな場所で仕事をしてみたい」「あんなコミュニティーの一員になりたい」と企業関係者に思わせるような街づくりが不足しているのである。すなわち、コミュニティーを介した自然な交流が促進される環境が構築されていないのである。

いうなれば、「温かみのある産業集積の形成」とでも表現できようか。工場や研究所が集まっているだけの殺伐とした「冷たい産業集積」には場所のチカラは生まれない。背後に魅力的なコミュニティーが存在し、それを介した日常的な会話や仕事以外の付き合いが生じている状態が知識の流動を促進する。それが新たな付加価値（イノベーションや事業創造など）をもたらすと考えられる。そのような「場所のチカラ」が立地を吸引するのである。

日本人の知識交流や知識創造のやり方は、欧米とは違う部分が多いものの、産業集積は会話が生まれる魅力的な街づくりと一体化したものであるという点では世界の共通性は高いように思われる。

〈6〉イノベーションと地域暗黙知

近年、産業集積でのイノベーションが多くの関心を引いているのは、M・ポーターがクラスター概念を提唱するなかで集積地帯におけるイノベーションの獲得と企業の競争優位性との密接な関係を強調したことによると言っても過言ではない。

先に集積内のコミュニティーの重要性を指摘したが、要するにイノベーションの発生には、まずは集積内での知識の交流が不可欠となる。しかし、それがどのようなメカニズムでイノベーションの発生につながっていくのかについては、実はまだ解明されていない。欧米では、この課題について「ローカル・ミリュ論（Local "milieu"）」「学習地域論」「集団的学習過程論」といった説が提唱されており興味深い。以下で、それらをごく簡単に説明してみよう[10]。

(9)　京都・大阪・奈良の境界地域（通称「けいはんな（京阪奈）」）に建設された関西学術研究都市も、いわば先端的な集積形成をめざしたものであり、その中核交流施設として「けいはんなプラザ」という会議室やホテル、レストラン、ホールを備えた大規模な文化学術交流施設が建てられていた。しかし、利用者が一向に伸びず、結局二〇〇七年一一月に第三セクターの運営会社が一〇九億円もの負債を抱えて倒産する事態に陥った。これも、日本型の交流の実態と政策とのギャップを象徴するものといえよう。

「ローカル・ミリュ論」とは、イタリアのカマーニ（Roberto Camagni）を代表とする研究グループが提唱したもので、いわば「ローカルな知識環境」のことをいう。端的には、企業とそれを取り巻く多様な関係者（顧客や外注先、競争相手、政府、市場など）との間に生じる、インフォーマルで暗黙的な関係性を制御する存在がミリュである。

カマーニは、企業は常に不完全な情報しか得られないため、意思決定上の不確実性に直面しているとする。そこで、その企業を取り巻く関係者との関係性をうまく制御して、その不確実性を低下させることがイノベーションにとっても重要となる。そして、その過程で重要な働きをするのがローカル・ミリュであるという。

具体的には、それは以下のような機能を制御する働きをする。技術や競争相手などに関する情報の収集とそれを取捨選択する機能、生産品の品質などに関して市場に合図（シグナル）を送る機能、技術者の転職や顧客との情報交換などを通しての集団的な学習機能、などである（一部省略）。この理論は、クラスター内の諸企業や諸機関との関係性を重視して説明している点が特徴であるが、ミリュとイノベーションとのかかわりがいま一つ不明瞭な点が課題である。

「学習地域論」とは、アメリカのフロリダ（Richard Florida）という研究者が提唱したものである。フロリダは、知識創造のカギは企業の内部ではなく立地する地域の側にあるととらえた。そして、イノベーションは局地的（地域的）なインフラ環境が決め手になると考えた。

フロリダがいうインフラには、製造インフラ（企業ネットワークとサプライヤー・システム）、人的インフラ（知識労働者とそれを生み出すトレーニング環境）、物的および通信インフラ（人、モノ、情報の流動性を高めてグローバル経済と結合させる環境）の三つがある。それらの局地的な状態が、イノベーションが発生するかどうかに影響しているというのである。この学習地域論は、のちに具体的な地域を事例に検証も試みられた。その結果、イノベーションの局地的な発生が確認され、学習地域なるものの存在が示唆されている。

「集団学習過程論」とは、ケンブリッジ大学のキーブル（David Keeble）を代表とする研究グループによって提唱されたもので、地域的な生産システムの構成企業間で共有される知識的基盤が創造され発展していくプロセスのことを指す。

このプロセスは三つの要素から成っている。すなわち、高度に熟練した労働者の地域内での流動に由来する要素、既存の企業・大学・公的研究機関からの人材のスピンオフ（飛び出し）に依拠する要素、そして中小企業の公式・非公式なネットワークに由来する要素である。これらによって地域内で暗黙知の共有化が行われ（これが集団学習）、それによって知識的基盤の創造と発

(10)　ここでは友澤（二〇〇〇年、二〇〇二年）、山本（二〇〇五年）を参考にしているが、あくまで筆者流の大胆な簡略化がなされていることを断っておきたい。詳細は、原著あるいは友澤・山本の論文を参照して欲しい。

展が行われるとされる。

これらはいずれも、イノベーションや知識創造がローカルなレベルで発生するメカニズムをとらえようとしている。それは、場所の側が企業成長のカギを握るという、本書の「場所のチカラ」の発想を結果的に支持してくれている。しかし、いずれもそのメカニズムを明快に説明できているわけではない。この集積とイノベーションをめぐる議論は、まだ発展途上にあるものといえよう。

とはいえ、イノベーションが発生するメカニズムそのものがローカルなものであることは当然といえる一面もある。というのも、欧米の技術者と日本の技術者とでは、思考のベースにある暗黙知が異なり、そして経営者の発想もまた異なると思われるからである。

物事の発想や認識の仕方が地域性を有していることは、異文化論をもち出すまでもなく経験的によく知られていることであろう。先述の三つの議論は欧米での研究成果であるが、それは日本にもそのまま当てはめてよいのであろうか。イノベーションの発生メカニズムが、果たして普遍的にとらえられるものであるのかということ自体が検討されるべき課題かもしれない。

筆者は、以前、「地域のコンテキスト」という概念についてアジアの消費市場を事例に検討を行い、そのコンテキストの基盤にある「地域暗黙知」の存在とその機能を示した。「地域暗黙知」とは、簡単にいうならば、地域ごとにそこで暮らす人々が無意識のうちに身に付けている「規範感覚」や「当たり前の感覚」のことである。それは、物事を理解したり、新たなものを創造する際にも重要な働きをするものである。

暗黙知とはポランニー（Michael Polanyi,1891～1976）が提唱した概念で、「Tacit Knowing」と表現されている。暗黙知といえば、経営学のなかではノナカ・タケウチ（一九九五）による研究成果がよく知られている。しかし、そこで議論されている暗黙知は「Tacit Knowledge」というもので、ポランニーが考えた「Tacit Knowing」とは別の概念である。また、ノナカ・タケウチ（一九九五）の検討は企業組織内での暗黙知の共有化や形式知への転換について検討したものであり、筆者がいう組織を超えた地域社会レベルでの共有化の問題については目的が異なることから触れられていない。

その意味で筆者は、ポランニーが提唱した「Tacit Knowing」概念が産業集積地域（あるいはクラスター内）で共有化される可能性の検討と、それがイノベーションの発生に与える影響の検討も必要と考えている。

第6章

集積の視点から商業の立地を考える

〈1〉商業における「集積の利益」とは

集積には製造業の産業集積だけではなく、小売業や飲食店などが集まった商業集積もある。商業集積には大きく二種類のものがある。一つは、零細な小売店が自然発生的に集まった商店街であり、いま一つは、計画的につくられたショッピングセンターや地下街のような集積である。それらには、**表6—1**のようにさらに多様なものがある。

では、小売業における「集積の利益」とは何かというと、まずは集積による「品揃えの充実」が挙げられる。つまり、個々の商店では品揃えの幅に限界がある（在庫を形成する資金力の限界もある）が、多様な業種の店舗が集積することで集積全体として大きな幅と深みをもった品揃えを実現することが可能となる。品揃えが拡大すればそれだけ魅力（市場ニーズへの対応力）が増大し、顧客が吸引されて売り上げが増大する

表6－1　商業集積の種類

計画的集積	ショッピングセンター 地下街 専門店街 ファッションビル 駅ナカ商業集積 飲食店街 小売・卸売市場 卸売センター
自然発生的集積	商店街 問屋街 定期市

ことになる。これが商業の「集積の利益」である。すなわち、いくつかの店舗が集積することで、その場所に「収入増大のチカラ」が発生するのである。

もちろん、商業集積においても、ウェーバーの製造業の集積論のように「費用節減のチカラ」が発生している面もある。つまり、集積した多くの小売業が共同で駐車場を設けたり、アーケードを整備したり、あるいは商店街のポイント制度や大売り出しの抽選会、タレントを使った集客イベントなどを行うことである。これは、個別店舗でやろうとすると大きな費用負担を必要とするが、集積単位で行うことによって個別店舗の費用は大幅に節減されることとなる。

さらに、商業集積では、程度の差こそあれ「付加価値増大のチカラ」も生じている。有名なショッピングセンターや地下街、商店街に店舗を出店することは、店舗の社会的信用度の上昇に貢献する。いわゆる、ブランド性の確保である。それによって取引（仕入れ）がやりやすくなったり、顧客が増大したり、高級な商品が売れたり、あるいは他の集積への出店の機会に恵まれること（誘致を受ける）にもなる。

分かりやすい例を挙げるなら、銀座といった商業集積に出店した店舗は、そこに出店したことによって店舗ブランド性が上昇し、それを企業自体の（他の場所の店舗も含めた）競争優位性や成長力の強化につなぐこともできるということである。

もちろん、この付加価値増大のチカラは、主体の特性や戦略によって大きな差が生じる。企業によっては銀座よりも秋葉原のほうが付加価値が大きい場合もあろうし、銀座よりも青山のほうが大きい企業もあろう。実は、この「付加価値増大のチカラ」が他の二つ（「費用節減のチカラ」「収入増大のチカラ」）よりも、どの商業集積に立地すべきかという立地選択により大きな影響を及ぼすチカラだといってよかろう。

しかし、これらは主体（小売業）の側からとらえた集積の利益である。一方で、商業集積は消費者（顧客）に対しても利益をもたらす[1]。つまり、一か所に多様な小売店が集中することによって多様な商品購入を一か所で済ませることができたり、ある特定の商品の比較購買が一か所で実現できたりするようになる。いわゆる「ワンストップ・ショッピング」による費用の節減である。

高いブランド力をもつ東京・銀座（松屋百貨店周辺）

この場合の費用とは、各店舗へのアクセスコストと、それに要する時間コストの両方を指す。消費者にとっては商業集積は「費用節減のチカラ」が発生している場所といえ、品揃えの充実による魅力とともにそのような費用節減のチカラが顧客を吸引していることになる。

このように考えると、第3章（一一一ページ）で説明した小売吸引モデル（売場面積の大きい商業施設ほど顧客吸引力が大きいとするモデル）では、売場面積の規模が品揃えの充実度を規定するものとされていたが、実は売場面積の規模は消費者にとっての費用節約の大きさも規定する要素となっていることも分かるのである。

また、消費者側から見た場合には、商業集積では「付加価値増大の利益」も発生している。これには、場所のブランド性に起因する付加価値と、集積が有する付帯施設に起因する付加価値との二種類がある。前者は、銀座で買った商品、原宿で買った商品という具合に、その商品を「どこで」買ったのかということに特別な「意味」と「価値」が付与されることに因るものである。そして、後者の付帯施設に起因するものとは、ショッピングセンターのなかに飲食店、映画館、文化教室、金融機関、託児施設、クリニックなどがあるといった具合に、商品購入以外の機能を

（1）産業集積論では集積内企業への発注者の利益の視点が弱い（とくに理論研究では）ようにも思われるが、商業集積論では利用者の視点が強調される傾向が強い。

同時に果たせるということが付与する付加価値である。近年のショッピングセンターで多様な付帯施設を備えたものが増加してきているのは、この理由による。

このように商業集積は、主体にとっての集積の利益だけではなく、顧客にとっての集積の利益が明確に確認できる点が製造業の産業集積とは異なる点となる。

2 立地論から見た商店街問題

「昔は黙っていてもお客さんがどんどん来てね。売り出しの日なんて、レジスターからお金があふれてしまう日もありましたよ。とにかく凄かった……。でも、それも一九六〇年代まででしたね。今はご覧の通り、商店街自体が消滅してしまいました」（大阪の元食料品店の店主）

今から一〇年余り前、大阪の商店街で調査をした際に、かつて食料品店を営んでいた老人から聞いた話である。一般に、日本の商店街が活気づいていたのは昭和二〇年代後半から四〇年代前半（一九五〇年代から一九六〇年代）頃であったとされる。しかし、その後、駅前や中心市街地に食品や衣料品のスーパーが立地していき、さらにモータリゼーションが進展して郊外に大型店が立地していくと、中心部の商店街からは人の姿が消えていった。いまや、当時の活気に満ちた商店街を知る人自体も少なくなったのが実情である。その理由はなんであろうか。

商店街の衰退や活性化は多くの論者によって議論されているが、いわば、そのほとんどは「ヒト」や「組織」あるいは「政策」にからむ議論である。つまり、商店街のリーダーや商店街組織のあり方に関する議論、商店街内の個別店舗の経営者に関する議論、商業政策に関する議論などである。そこでは、商業集積研究とは言いつつも集積論の視点はほとんど存在しない。

前章で述べた産業集積研究が、集積の理論的な形成メカニズムや集積内部の構造分析（取引関係やネットワークの分析あるいはイノベーションの発生メカニズムの検討）を行っているのに比すると、商業集積の研究は集積そのものの研究というよりも、その再生の手法の部分に関心が集中しているのである。確かに、商店街「再生」の問題をとらえるならヒトや組織、政策の問題を抜きには語れない。しかし、ここではひとまずその問題は脇に置いて、本来の集積論の視点に立ち返って商店街の問題点をとらえ直してみたい。というのも、それが商店街を考えるための本来の「出発点」を明確にさせるからである。

前節で商業の集積の利益、そこでの場所のチカラを述べたが、それを踏まえると、商店街の競争優位性は、基本的に「品揃えの充実度とワンストップ性による消費者の費用節減」と「消費者にとっての付加価値増大」という点に求められよう。では、現実の商店街はその集積の強みをどの程度発揮しているのかというと、これが非常に心許ない。

まず、品揃えの充実度とワンストップ性については閉鎖店舗の増大に比例して低下しつつあるし、営業中の店舗についても顧客のニーズに対応した品揃えが実現できている店舗は少ないし、集積内での店舗の最適配置も実現できていない。それゆえに、消費者にとってのワンストップ性も大きく低下している。したがって、消費者の費用節減には貢献していないし、商店街で買い物をすることが余計なコストをもたらしている場合も多いと思われる。次に、付帯施設についても飲食店やアミューズメント施設がほとんど存在しないものが多く、集積の付加価値増大のチカラがきわめて小さい集積も多い。

このように、現実の商店街では集積としての場所のチカラが生じていないのである。

3 集積のマネジメントと「所有と利用」

商店街と比較されるものとしてショッピングセンターがある。商店街は自然発生的であるのに対して、ショッピングセンターは計画的な施設である。両者の違いは何かというと、「集積のマネジメント」の有無にあろう。

ショッピングセンターでは、テナントの構成や配置が厳重にマネジメントされている。具体的には、まずそのショッピングセンターが誰（世代や居住地域など）をターゲットとしてどのような商品とサービスを供給するのかという「集積全体＝施設全体のコンセプト」が確立され、それに適した「店舗＝テナント選別」が行われる。次に、集積の「ゾーニング」が行われる。つまり、ヤング婦人服のゾーン、ミセス婦人服のゾーン、子ども服のゾーン、食料品のゾーンなど、施設内のスペースの意味が明確に消費者に伝わるように整理されるのである。これは、目的の商品のありかを探索させる負担を大幅に節減させる。それと同時に、ゾーン間で顧客をどのように移動させるのか、どのように各ゾーンを回遊させるのか、という「顧客動線の設計」がなされる。

エスカレーターやエレベーター、階段や駐車場との位置関係、あるいは通路の幅、エスカレーターの上下方向などはきわめて重要となる。その顧客動線の設計に沿って、ゾーンごとに「店舗の最適配置」が決められ、さらに毎月のテナントごとの売り上げが把握され、業績の悪い店舗については退店が勧告される。(2) つまり、「テナントの入れ替え」が行われるのである。ショッピングセンターにもよるが、毎年一割程度のテナントが入れ替わっているところも多い。

また、売り上げや流行をにらみながら「テナント配置の変更」も行われる。目立つ入り口付近

（2）　日本のショッピングセンターのテナント管理特性の一つに、テナントごとの「売り上げ管理」がある。テナントの毎日の売り上げ金はすべて管理会社に集められ、そこから家賃や必要経費などを差し引いた額を翌月にテナントに戻す方式である。これによって、毎日のテナントの売り上げ額が把握され、入れ替えの資料にされるとともに家賃や経費の滞納が未然に防止される。この売り上げ管理が、単なる「場所貸し」と一線を画す部分である。

の店舗と奥の店舗とを入れ替えたりして、フロア全体の顧客の流れの効率化とフロア全体の売り上げの上昇をマネジメントするのである。さらに、消費者の買い物行動の付加価値を増大させるために、各種のアミューズメントや飲食店、カルチャー施設なども整備される。こうして、集積としての場所のチカラの極大化が日常的にめざされているのである。これは、立地戦略的には異なるが、近年増大しつつあるアウトレットモールにおいても同じである（二〇六～二〇七ページの**コラム9**参照）。

一方、商店街はというと、もともとは個人経営者の判断で集まってきた「寄り合い所帯」であるため集積全体の統一したコンセプトは描けない。つまり、多様な人々をターゲットにする店舗が混在しているのである。また、店舗の配列は偶然によるものであるため、ゾーニングや店舗の最適配置はなされていない。さらに、店舗のほとんどが店主の住居と一体化しているため、その立地変更＝配置の最適化は不可能である。

多くの場合、店舗は住宅の一階部分、それも玄関にあたる場所にあるため、商売をやめても他人にそのスペースを貸したがらないケースが多い。自宅の玄関先に他人が出入りすることを嫌うためである。貸さないだけならまだしも、一般住宅に建て替えて道路から建物をセットバックし、かつて店舗があった部分を車庫スペースにしてしまうこともよく見られる。こうなると、商店街としての雰囲気すら保てなくなってしまう。

同じ集積でも、ショッピングセンターと商店街とではなぜこのように大きな差ができるのかと考えると、最終的には「所有と利用のあり方」の問題に行き着く。すなわち、商店街では店舗の所有者と利用者が一致しているのである。要するに、自己所有の自宅で商売を営んでいるのであり、何を売ろうが、どんなデザインの店舗にしようが、いつ休もうが、いつやめようが、店舗跡を人に貸そうが車庫にしようが、それは所有者であり利用者である者の自由（勝手）となる。

一方、ショッピングセンターでは、建物の所有者と店舗の経営者は切り離されている（別である）。店舗経営者は借り主でしかないため、業績が悪いと移動させられたり撤退させられたり（賃貸契約を打ち切られたり）する。開店時間、閉店時間、休業日、売り出しなど、すべて統一した形でやらねばならず、個人の勝手は許されない。売り上げが落ちると退店を迫られるため、経営上の努力も欠かせない。その結果として、活性化した集積が形成されることとなる。

このように、集積のマネジメントが可能となるかどうかは、結局は所有と利用が分離されているかどうかにかかっているのである。

なお、所有と利用が一致している場合は、実質的な家賃が発生しないことも重要である。**コラム2**（五八～五九ページ）で述べたように、小売業の二大コストは家賃と人件費であるが、商店街の個人商店は自宅でもあるため家賃はゼロであるし、人件費も家族でやっているかぎりは実質的にゼロで済む（もちろん、会計上は計上されているであろうが）。

よる階級」意識のようなものが存在する。ブランド品については高収入を得た「成功者の証」(セレブの証)といった意味が込められている。

これに対して、日本に欧州ブランドが紹介されたのは高度成長期の1960年代で、大衆化した百貨店がその輸入販売を担ってきた。つまり、ブランド商品は、欧州のように入店自体を躊躇させる高級な直営店に置かれたのではなく、百貨店の棚で誰でも手に取れたのである。それゆえ、日本の消費者にとっては、ブランド品は生活の「豊かさの象徴」ではあっても「階級の象徴」ではなかった。したがって、お金がなくても少し無理をして「誰でも買う」という購買行動が見られる。同様の現象は、韓国や中国でも見られる。

アウトレットモールが欧州ではなくアメリカで発祥したのは、階級意識にとらわれない需要(欲求)が存在したからである。アメリカのアウトレットモールは、都心の正規店からできるだけ離れた郊外に立地する。つまり、正規店を訪れる客層とアウトレット店を訪れる客層とは別なので、両者を空間的に切り離す意図がある。その立地の空間的断絶性が、ブランド店側にいわば「安心感」を与えており、アウトレットモールに出店してもよいと思わせるカギとなっている。

日本のアウトレットモールの立地は、アメリカとはやや異なる。日本ではブランド品の大衆化が進んでいるため、正規店を訪れる客とアウトレットモールを訪れる客とが同じであることも多い。よって、ブランド店側に「安心感」を与えるためには、アメリカよりもさらに「遠隔地」の立地選択をする必要もある。軽井沢や御殿場といった非日常空間に立地するのもそれゆえである。とはいえ、近年では適当な場所が少なくなり大都市近郊にも立地するようになった。ただし、そのような近郊立地モールでは正規店との距離が近いためにプレミアムブランドは出店しておらず、比較的身近なブランド店が主となっている。

コラム

9　アウトレットモールの立地戦略とブランド品の「意味」

国内主要アウトレットモールの立地点（2013年１月）

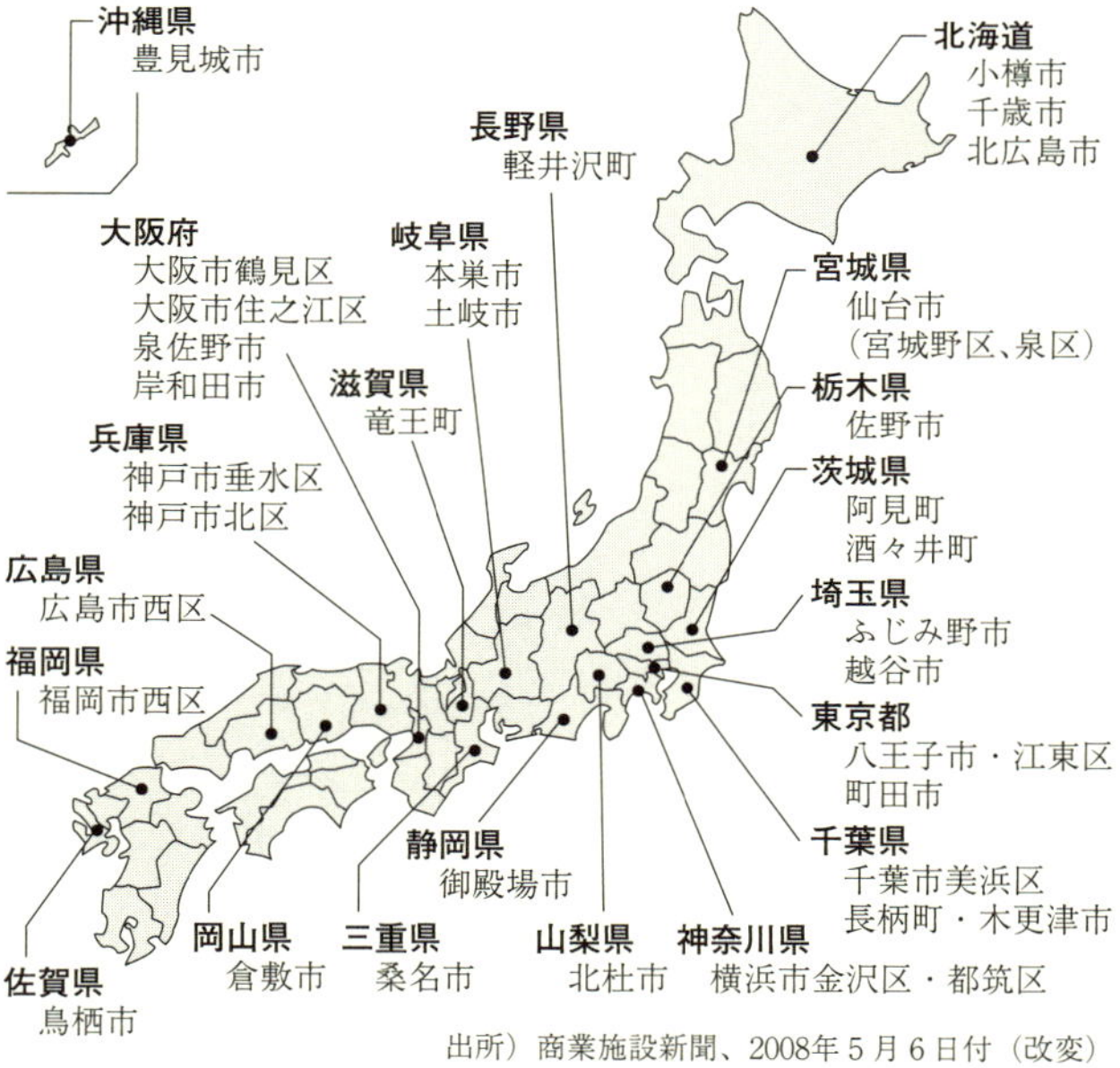

出所）商業施設新聞、2008年５月６日付（改変）

2013年春には全国で40か所に達するアウトレットモールは、通常のショッピングセンターとは異なる立地戦略を有している。それはどのようなものなのだろうか。

そもそも欧米の消費者と日本の消費者との間では、ブランド品に対する消費感覚に大きな違いある。もともと、プレミアムブランドは欧州の貴族階級達が育ててきたものである。したがって、階級意識の強い欧州では、現在でも庶民はお金があってもブランド品には手を出さないという感覚も残っている。アメリカには欧州のような「生まれによる階級」意識は存在しないが、「所得に要するに、販売管理費の固定費部分がほとんどゼロに近いわけで、店舗のリニューアルなどをしなければ、日常的には光熱費と売り出し日の広告費や商店街組合の会費が経費として支払われる程度である。その分、売買差益（商品の仕入値と販売価格の差）がほとんどそのまま手元に残ることとなる。また、会計上で赤字になった場合は税金も免除されることになる。

ほとんど売れてそうにない商店街の商店がなかなか潰れない理由はこの低コスト体質にあるが、それが経営上の怠慢を招く要因であるともされる。一方、所有と利用が分離しているショッピングセンターでは、入居しているテナントにとっては家賃が非常に重い存在となっている。業績が不振になると、まずは家賃が払えなくなり退店せざるを得ないが、それがテナントの経営努力や新陳代謝（集積の常なる刷新）をもたらす「しかけ」として機能している。

4 タウン・マネジメントと立地

商店街のような自然発生的な、商業集積のマネジメントについては欧米が先進的である。欧米で始まった「タウン・マネジメント」では、タウン・マネジメント機関（ＴＭＯ：Town Management Organization）が商業や居住機能の充実や公園整備、遊歩道の整備など、幅広い街づくりを行っている。

そこでは、商業機能の再生にも力が入れられている。その内容を見ると、地区内の店舗の業種構成の適正化（テナント・ミクス）とその最適な配置をめざして、強制的に店舗の立地移動をさせているところが多い。たとえば、中心部の商店数が減って商店が散在した状態にある場合は一か所に集中立地させたり、足りない業種の店舗は誘致をしたり、同業者が二軒隣接する場合は一方を別のエリアに移転させたりして集積のチカラを復活させるのである。

タウン・マネジメントとは、まずは「店舗の最適配置＝立地のマネジメント」という部分が可能にならないと成功しない。域外からの店舗誘致や域内での起業促進、あるいは新たな商業核となる都心ショッピングセンターの整備も含めて中心部での集積としての品揃えが充実し、ワンストップ性による費用節減が可能となるように集積のマネジメントが行われるのである。もちろん、このようなことが可能となるのは、言うまでもなく所有と利用が分離されていたからにほかならない。

とくにアメリカのＴＭＯは、店舗経営者に対しても家主に対しても大きな強制力をもつ機関であり、さらには徴税権（資金力）も有している。たとえば、ある店舗を強制的に立地移転させるに際しては、移転先の空き店舗の家主に賃料を大幅に下げさせたり、移転する店舗の税を免除したりするという権限も有している(3)。

わが国でも一九九八年一〇月の「中心市街地活性化法」の施行によってタウン・マネジメント

の発想が導入され、欧米を真似てＴＭＯが各地につくられた(4)。しかし、所有と利用が分離されない状態でＴＭＯだけがつくられ、しかも、ＴＭＯには大した権限（財源）も与えられなかったために中心部の商店街の立地のマネジメントができる状態にはならなかった。なかには、新しい商業施設（ショッピングセンター）を建設してＴＭＯが管理し、そこに地元の商店を入居させる手法で中心部の商業集積の再構築をめざした都市も見られる。

ところが、通常のショッピングセンターとは異なり、そこでは厳格な集積のマネジメントが行われることはなかった。つまり、売り上げ不振店の入れ替えや配置換えなどができなかったのである。その理由としては、基本的にそのような施設に入居する商店が少なく、施設自体が空き店舗だらけで、業績の悪い店に対してもとても退店などを勧告できる状況ではなかったこと、管理運営組織の多くが第三セクターであったために民間企業的な責任あるマネジメントの発想ができなかったこと、そして地元の商店主の利害が優先して集積全体の効率化が実現できなかったこと、などが挙げられる。

結局、日本のタウン・マネジメントは、かけ声倒れに終わっているケースが多いのである(5)。しかし、そのなかにあって、この所有と利用の問題に正面から取り組んだ商店街があった。そこで、次にその試みを紹介してみよう。

ある。

5 所有と利用を分離した商店街

香川県・高松市の都心にある丸亀町商店街は、今、全国から注目を浴びている商店街の一つである。

「商店街とは、個人の土地に個人の店を建てた、いわば烏合《うごう》の衆です。したがって、所有者が勝手がってに利用をしています。誰もコントロールができません。その結果、高級ブティックの隣にコロッケ屋ができるようなことも起きてしまうのです。そこで、私たちは、まずは商店街の土地利用をコントロールしようと考えました」（高松丸亀町商店街振興組合・古川理事長）

（3）アメリカのタウン・マネジメントについては、原田英生『ポスト大店法時代のまちづくり―アメリカに学ぶタウン・マネージメント』（日本経済新聞社、一九九九年）、柳中小企業総合研究機構編『米国の市街地活性化と小売商売』（同友館、二〇〇〇年）などを参照のこと。

（4）当初の正式名称は「中心市街地における市街地の整備改善及び商業等の活性化の一体的推進に関する法律」であったが、二〇〇六年の改正によってこの名称になった。

（5）日本のＴＭＯの実態については、日経産業消費研究所編『日本のタウンマネージメント―街づくり機関・ＴＭＯの活動調査』（二〇〇三年）を参照のこと。

この商店街では、それぞれの店主が商店経営者である前に、長年にわたって固定資産税を納め続けてきた地権者であるという原点に立ち返ったところが画期的といえよう。そして、地権者の立場から危機感を共有し、土地の資産価値を上げることをめざした。そのためには、自分で利用する（自分の店を出す）ことを放棄して、自分よりも土地の資産価値を上げることができる他人に貸し出すことも受け入れる道を決断したのである。

その結果、この商店街では、これまで不可能とされた以下のようなことを成し遂げた。

①商店街のすべての土地所有者が「まちづくり会社」と六〇年間の定期借地契約を結ぶことで、全国で初めて実質的に「所有と利用」の分離に成功した。

②商店街の全体のコンセプトを統一するために、そぐわない商店を廃業させた。

③商店街の品揃え構成の最適化を図るために、業種構成を見直し商売替えの要請や域外からの店舗誘致を行った。

④商店街をゾーニングし、それに合わせて店舗配置の最適化（立地移動）を行った。

これらは、これまで述べてきた商業集積のマネジメントそのものである。「商店街そのものを、一つのショッピングセンターにしようと考えました」（古川理事長）という言葉通りのことをやったのである。とくに、①の所有と利用の分離の実現がすべてといえる。

それができたからこそ、②③④が可能となったのである。

　商店街の所有と利用を分離しようとする発想は、これまでにも各地で存在してきた。しかし、商店街の土地を購入することは、所有者の抵抗が強いのと莫大な資金を必要とする点から不可能に近い。そこで丸亀町商店街では、「高松丸亀町まちづくり株式会社」（行政からの出資比率は五パーセントのみの民間主導型第三セクター）を設立し、土地の所有権はそのままにして、所有者とまちづくり会社が六〇年間の定期借地契約を結ぶことでまちづくり会社が「すべての土地利用権」を入手したのである。

　端的にいうと、商店街の住人・経営者たちは不動産の貸し主（大家）になって、まちづくり会社から賃貸料をもらうことになったのである。したがって、これまで自分の土地で商売を営んでいた人々も含めて、すべての商店は家賃をまちづくり会社に支払うことになる。こうなると、家賃が払える商店でなければ存続ができなくなる。②の廃業の勧告ができたのも、商店主たちが廃業したとしても賃貸業への転換によって新たな生活が営めることができるようになったからである。現在完成しているA街区には二一人の地権者がいたが、以前と同じ商売を営む人はそのうちの六名しかいない。なんと一一名は廃業を勧告されて店舗賃貸業者になったのである。高齢者や店の後継者がいない地権者が多かったという。

「おそらく、現状のままで将来もやっていける商店は二割程度だと思います。残りは、業態を転

換するか、廃業して大家になるかという選択になるでしょう」(古川理事長)

一方、まちづくり会社はショッピングセンターの経営手法を学び、大手のショッピングセンターの開発運営会社から人材も招いて、地域にふさわしいテナント誘致や施設開発を進めてきた。隣接する三越百貨店からもテナント誘致の力を借り、欧米のブランドショップの誘致にも成功した。

この商店街の再開発の完成イメージが**図6―1**である。現在は、A街区の部分だけが完成している。再開発事業は、借り上げた土地に高層の建物を建て、下層の部分は地元商店のほかにテナントを入居させて、すべての店から賃料をとる。一方、上層部分は、マンションとしてもともとの住人のほかに新たな入居希望者に分譲販売をするのである。こうして、建物の建設費をまかなおうとしている(もちろん、国からの補助金も使っている)。

賃料については、固定+売上歩合制をとっており、しかも賃料収入から借入金の返済分や運営費などを差し引いた後に分配(劣後分配)するため、家主たちも積極的にテナント運営にかかわってテナントの売り上げを増やす工夫をしないと分配金が減ってしまうことになる。これは、家主としての責任をもたせる工夫である。

さて、この商店街改革の詳細については、ここではこれ以上深入りはしない。現時点では、ま

図6－1　街区全体のイメージ

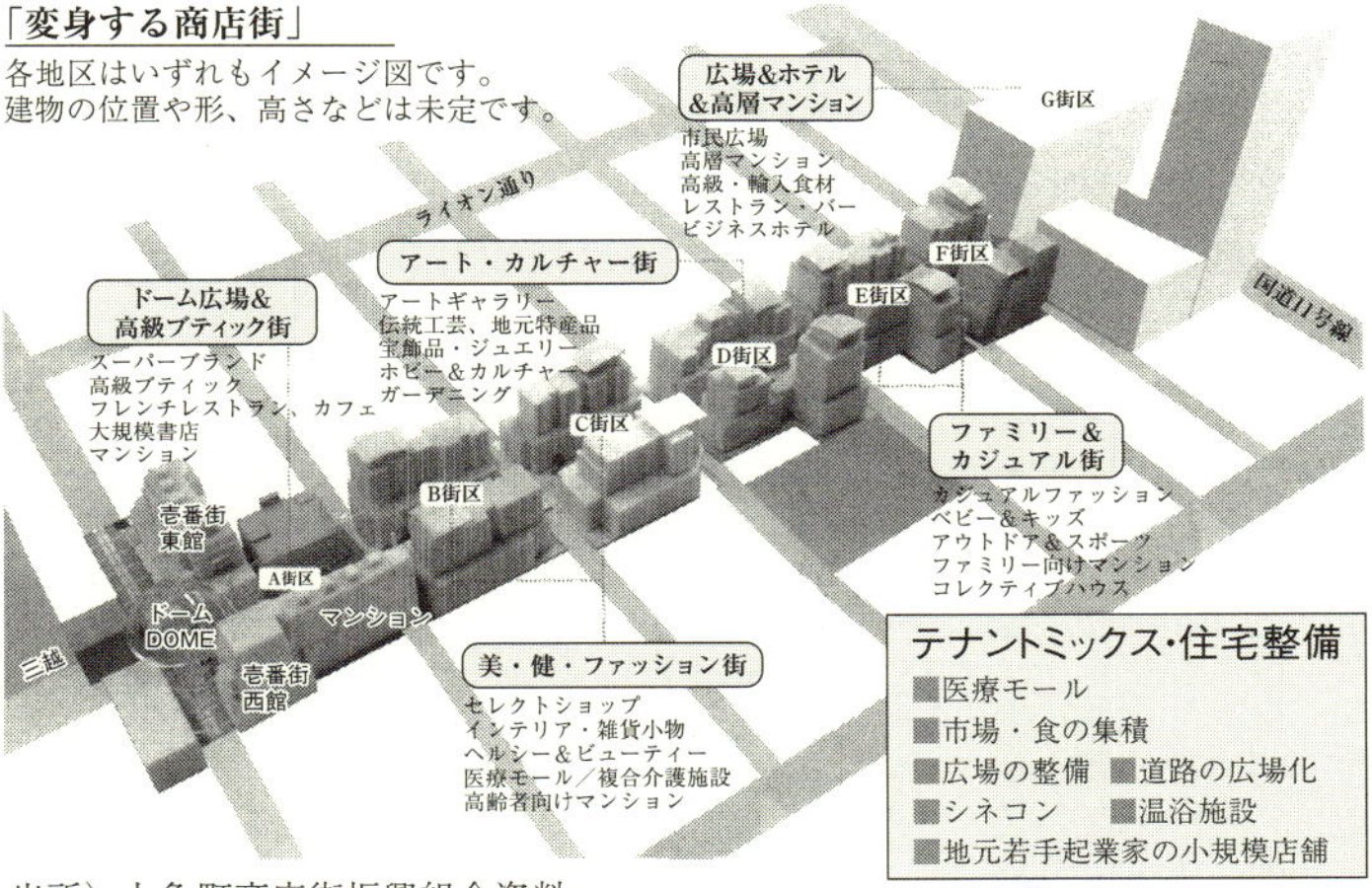
「変身する商店街」
各地区はいずれもイメージ図です。
建物の位置や形、高さなどは未定です。
広場&ホテル
&高層マンション
市民広場
高層マンション
高級・輸入食材
レストラン・バー
ビジネスホテル
G街区
ライオン通り
アート・カルチャー街
アートギャラリー
伝統工芸、地元特産品
宝飾品・ジュエリー
ホビー&カルチャー
ガーデニング
ドーム広場&
高級ブティック街
スーパーブランド
高級ブティック
フレンチレストラン、カフェ
大規模書店
マンション
F街区
E街区
D街区
C街区
B街区
A街区
国道11号線
ファミリー&
カジュアル街
カジュアルファッション
ベビー&キッズ
アウトドア&スポーツ
ファミリー向けマンション
コレクティブハウス
壱番街
東館
ドーム
DOME
三越
マンション
壱番街
西館
美・健・ファッション街
セレクトショップ
インテリア・雑貨小物
ヘルシー&ビューティー
医療モール／複合介護施設
高齢者向けマンション
テナントミックス・住宅整備
■医療モール
■市場・食の集積
■広場の整備　■道路の広場化
■シネコン　■温浴施設
■地元若手起業家の小規模店舗

出所）丸亀町商店街振興組合資料。

COACH

A 街区のドーム広場

だ一部分（A街区とG街区の一部）が完工したのみであり事業はまだまだ続くため、評価はもう少し先でないとできないからである。とはいえ、全国初の「所有と利用の分離」の試みであり、そしてそれをベースとした集積のマネジメント（立地のマネジメント）をめざしているという点で今後の動向に注目していきたいと思っている。(6)

6 商店街の流動化

近年、大都市では屋台型の自動車（移動販売車）をよく見かけるようになった。ハンバーガー、コーヒー、弁当、おでん、アクセサリー、衣料品など内容は多彩である。移動販売車は現代的な屋台商売なのであるが、これは基本的に場所（立地点）の制約を受けない商業である。儲かりそうな場所に、儲かりそうな時間帯だけ出店する店舗といってもよかろう。換言すれば、「収入増大のチカラ」を複数の場所から拾い集める商売ともいえる。

その分、非常に効率がよい。また、移動のためのガソリン代は必要となるが、立地に伴う家賃（地代）は発生しない。家賃を考えるならとても出店できない場所でも、道ばたに駐車するだけで営業が可能となる。(7) たとえば、毎日同じ場所に出店せずに、週に一度ずつ同じ場所を巡回する店舗ということになれば、消費者からは飽きられることもなかろう。

しかし、移動販売で稼いだからといってどこかに固定された店舗を構えると、そのとたんに利益が出なくなることもしばしばある。つまり、家賃や光熱費、人件費などの経費が発生して利益が縮小してしまうからである。また、毎日同じ場所で営業するとなると、顧客の来店の動機づけも難しくなる。つまり、周囲に住む顧客からすぐに飽きられて、結果的に移動販売より売り上げが低下することも多い。このように、立地が固定されるということはさまざまな問題を

(6) 丸亀町商店街については、小宮一高「商業集積マネジメントにおける『仕掛づくり』の考察—香川県の商店街を事例として」（『流通研究』一〇巻一・二号、二〇〇七年）も参照のこと。

(7) 道ばたで営業するためには、正式には道路交通法に基づく「道路使用許可」が必要となる。

駐車場の一角で弁当を売る移動販売車（東京・赤坂）

生じさせるのである。

では、そのような視点から商店街をとらえるとどうなるか。

通常、商店街の店舗は、毎日同じ場所で営業を行っている。多くの場合、そこが住居であるがゆえに当然のことであろう。しかし、そのために業種構成や配置の最適化が困難であることも確かであるし、空き店舗が出て商店街が歯抜けだらけになっても改善が難しい。また、消費者も、毎日代わり映えのしない商店街には飽きてしまっているというのが実情であろう。

しかし、もし商店街の商店構成が週に何度か入れ替わったらどうであろうか。もし、週に三日だけ営業をする商店街があればどうであろうか。そもそも、スーパーや大型店は年中無休に近い体制で朝から夜まで営業をしている。こまめな売り出しもなされるが、基本的には店舗構成が大きく変わることはないし、商品の品揃えがコロコロと変わることもない。むしろ、安定供給を旨としている面もある。

それに対して、週に一日あるいは三日間だけ、他の地域の商店街からも多様な店舗が近所の商店街にやって来て（空き店舗の利用）一斉に店を開くとするならば、珍しさも手伝ってかなりの集客効果が望めよう。それに、高齢者になった店主も、週に一日か三日だけなら店を開けてもよいという場合も出てこよう。

このようなことは、いわば「商店街の流動化」である。商店街を固定的な立地の集合と考えず、

図6－2　商店街流動化イメージ
（週1日だけ他の商店街から店を移動させてフルラインで営業する商店街）

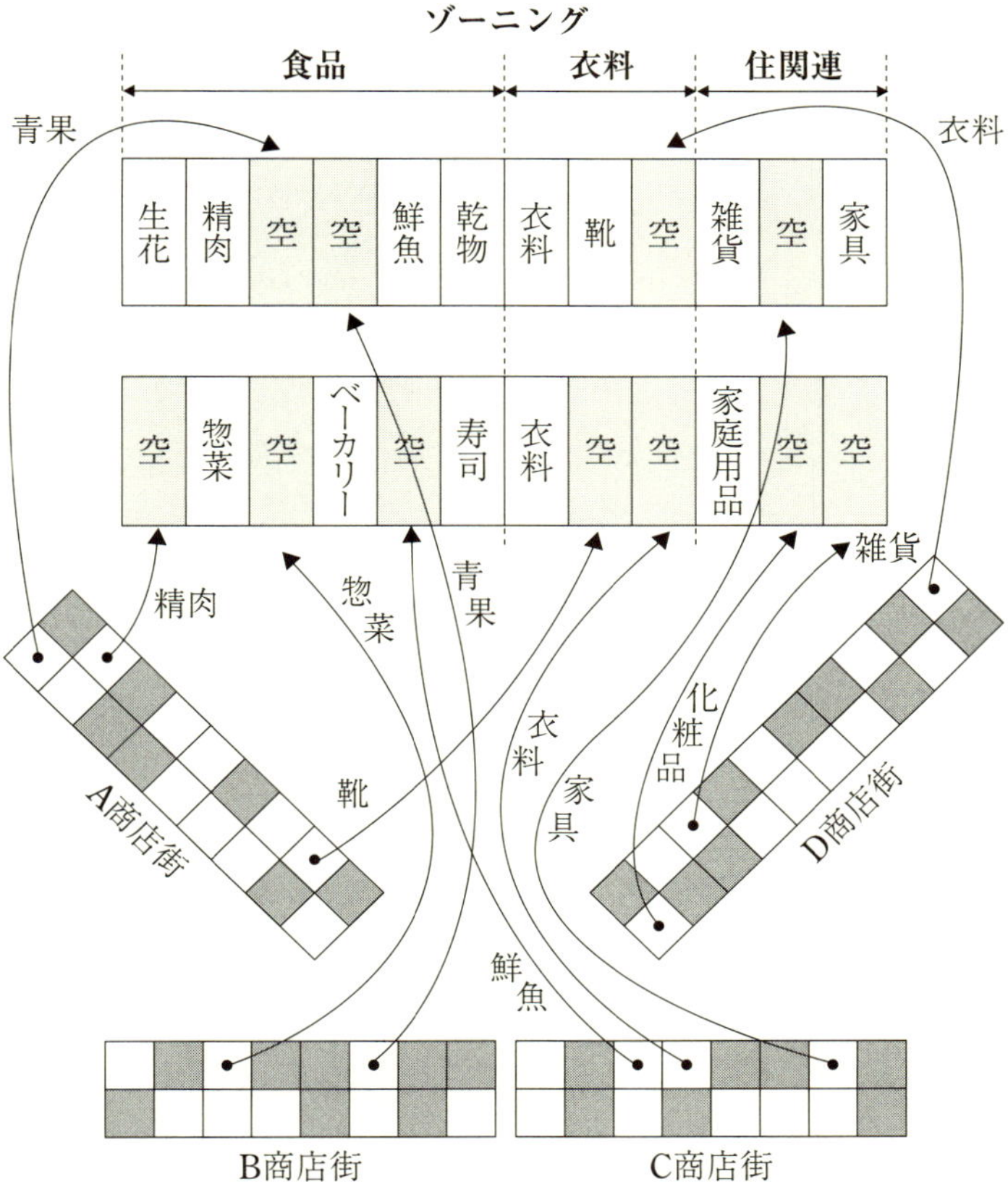

※グレーの部分は空店舗を示す。

> 他の地域の商店街から不足する商店を空店舗に週１日だけ出店させる。この状態を各商店街で順に創出していく。

やる気のある経営者の店舗をあちこちの商店街に移動させたり、毎日ではなく、週に一日、三日といった限定で商店街が新鮮でベストな品揃えで客を迎えることができるように発想を転換させるのである。やや奇抜かもしれないが、立地論からの一つの発想である。

第7章

立地ウォーズ
——場所のチカラをめぐる攻防

これまで、企業や地域の成長戦略と場所のチカラとの関係について整理してきた。最後となる本章では、近年話題となっている立地現象、とくに場所のチカラをめぐる攻防（立地ウォーズ）に焦点をあてたい。そして、その攻防を企業や地域の成長戦略の視点から読み解いていきたい。

〈1〉新しい産業集積「パネルベイ」の誕生

二〇〇七年七月三一日、シャープは堺市に大型液晶テレビのパネル工場を立地させることを発表した。飽和状態とされる三重県の亀山工場に次ぐ、第二の世界的生産拠点の構築をめざしてのことであった。当時の太田房江大阪府知事は、「五年越しの恋が実った感じ」と表情をゆるませながら記者会見に応じた(1)。

大阪府は、二〇〇二年にも同じシャープのパネル工場の誘致合戦を三重県との間で展開し、三重県に負けてしまったという苦い記憶を有していた。今回は、兵庫県との間での熾烈な誘致合戦であった。いったんは兵庫県の姫路市に決まりかけたが、それが急転直下で大阪府に決まっただけに喜びもひとしおであった。

このような誘致合戦の勝敗の背景には、実は巨額の補助金の問題がある。以前、大阪府が三重県（亀山市）にシャープの工場立地を奪われたときも、三重県側が破格の補助金をシャープに提示したことが要因になっていたともされる。[2] そこで大阪府は、前回の二の舞になるまいと、二〇〇七年の四月になって補助金の上限を三〇億円から一気に一五〇億円へと大幅に引き上げてシャープへの働きかけを強めた。それ以後、流れが変わり、大阪府への立地が決まったとされる。[3]

そこまでして巨額の補助金をつぎ込む価値が本当にあるのかと疑問視する向きもあろうが、試算上は「十分ある」とされる。まず、シャープの投資額は三八〇〇億円に及ぶといわれ、地元の建設・設備工事関連企業には大きな特需が発生する。また、工場稼働後に仮にその二倍の出荷額があるとすると、府内への経済波及効果は一兆五〇〇〇億円に及ぶと大阪府では試算していた。さらに、大阪府への税収は一〇年間で少なくとも六〇〇億円に上ると見積もられ、それは補助金の四倍に相当した。

（1）本節は、日本経済新聞二〇〇七年八月一日付、同二〇〇七年一二月八日付、同二〇〇八年二月一六日付、同二〇〇八年五月一三日付などを参照している。

（2）シャープの亀山進出にあたっては、当時の北川知事のトップセールスが功を奏したとされるが、それでも三重県が九〇億円と亀山市が四五億円の補助金を出した（一五年分割）。シャープが立地したことで、関連産業をはじめとする六七社の七八拠点が新たに亀山市周辺に立地した。その結果、八〇〇〇人の雇用が生まれたとされる。

（3）大阪府は二〇〇六年に行った武田薬品工業の研究所誘致に際しても、巨額の補助金を提示した神奈川県に奪われたという苦い経験をもっていた。このことも、補助金上積みの背景になっていた。

もちろん、シャープが堺市を選んだ要因は補助金だけではなかった。まず、本社（大阪市）や技術開発拠点（奈良県天理市）、および同じパネル生産拠点の三重県亀山市との地理的な位置関係の優位性があった。また、同社の太陽電池生産の拠点である奈良県葛城にも近い。これらの拠点は、**図7―1**のごとくほぼ東西に並ぶゾーン内にあり、名阪国道（自動車専用道）、西名阪高速道路、阪和自動車道といった高速道路がそれらの拠点をつないでいる。その点で、堺市は姫路市に立地するよりもはるかに「ネットワーク効率」（第4章参照）がよかったのである。

次に、用地の広さがあった。シャープの立地点は臨海部の新日鉄堺製鉄所の跡地で、工場予定地周辺には広大な遊休地が広がっていた（甲子園球場三二個分）。そこに、**表7―1**（二二六ページ）で示すような、液晶パネル生産に必要な素材・材料、製造装置関連の企業を立地させることができたのである。まさに、国際的競争を勝ち抜いて成長するための「パネル集積」形成が可能な広さの用地であることが、堺という場所の「付加価値」となっていたのである。またシャープは、さらに太陽電池工場まで併設することを決めたため、集積効果は拡大する一方であった。

三つめは、関西にある既存の関連企業の存在があったとされる。大阪府を中心とする関西には、これまで同社の技術開発や製品生産を支えてきた多様な下請関連企業が存在し、それらとのネットワークが活用できた。また、先端的なパネル工場といえども、他の工場と同じように多様な工具や消耗品、多様な事業所向けサービスが必要となる。巨大な集積となれば、その需要量もまた

図7－1　シャープの拠点配置と堺、姫路

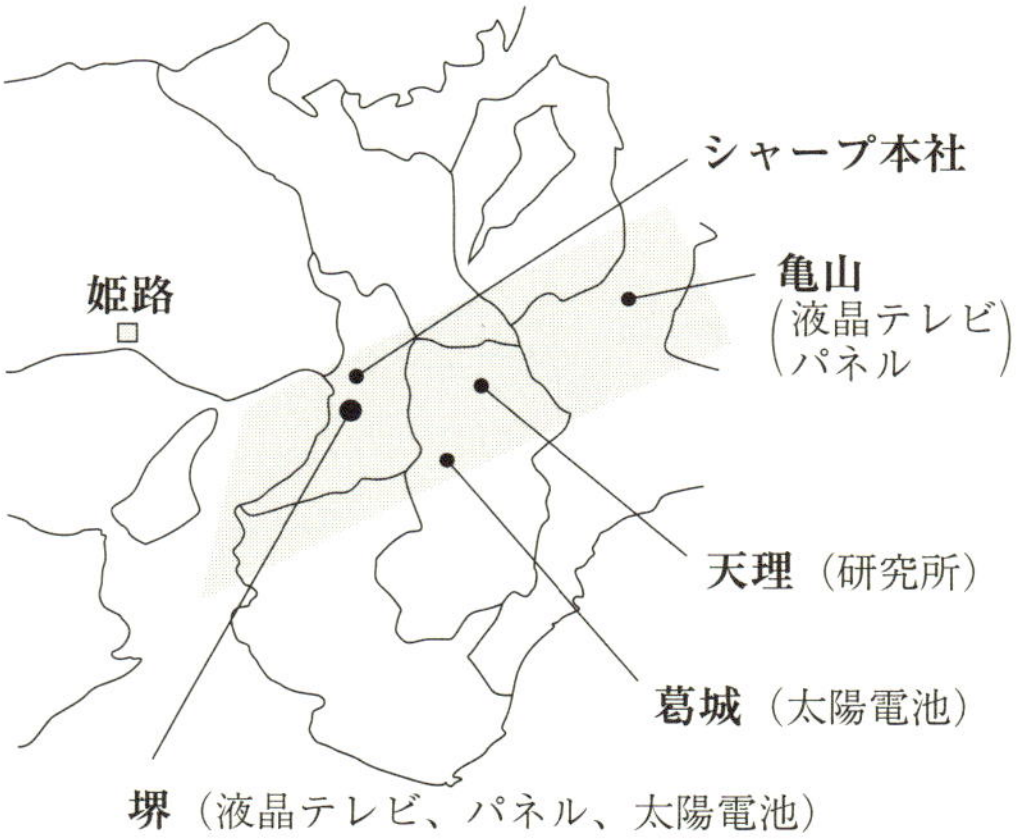

大阪湾岸のパネルベイ（シャープ堺工場地区）©PANA

巨大となる。その多様で巨大な需要を満たすだけの供給元となる企業が大阪周辺には充実していた。それには、人材派遣会社や従業員向けの住宅を供給する住宅関係業者も含まれている。

四つめは、人材と雇用面の優位性であった。すでに拠点となっていた三重県亀山工場の場合は、雇用や人材の確保が難しくなりつつあった。中部地域はトヨタを中心とする自動車関連産業が発展しており、そこに多くの技術系人材が吸引されていた。技術者のみならず、工場での単純労働にも不足感があったとされる。

表7－1　隣接立地した関連企業リスト

企業名	製造品目など
コーニング	ガラス
大日本印刷	カラーフィルター
凸版印刷	カラーフィルター
太陽日酸エア･ウォーター	工業用ガラス
関西電力	電気
大阪ガス	都市ガス
長瀬産業	化学薬品
栗田工業	超純水
日本通運	物流

出所）日本経済新聞、2008年5月15日付。

それに対して、大阪を中心とする地域には人材供給源（大学など）も豊富で、亀山と比べるとまだ雇用に余裕もあった。二〇〇七年五月時点の有効求人倍率も、三重県が一・三八倍に対して大阪府が一・二九倍、通勤圏の奈良県や和歌山県は〇・八倍台となっていた。姫路よりも、地理的に通勤圏が広がるため人材確保がやりやすいと目されていた。

ところで、大阪府とのシャープの誘致合戦に敗れた兵庫県はというと、二〇〇八年二月になってパナソニック（松下産業）の液晶パネル工場を姫路市の出光興産精油所跡地に誘致することに成功した。パナソニックによる姫路立地の決定発表の直後に兵庫県は九〇億円の補助金とインフラ整備支援を表明し、姫路市も事業所税相当額の交付金や雇用奨励金などを六年間で一〇〇億円交付することを発表した。

パナソニックは、すでに兵庫県の尼崎市にテレビ用のプラズマパネル工場を二つ稼働させていて、二〇〇九年には世界最大級のプラズマパネル工場である第三工場も稼働した。これに姫路市の液晶パネル工場が加わると、兵庫県内での投資額はなんと八五〇〇億円にも達することになっていた。もちろん、シャープと同様に地元への経済波及効果も巨額なものとなる。(4)

図7―2のように、大阪のシャープと兵庫県のパナソニックのパネル工場立地によって、大阪湾岸は世界的なパネル産業の集積地帯となる予定であった。巨大な「パネルベイ」の誕生である。投資総額は、関連企業も入れると最終的に一兆円を大きく超えると見積られていた。堺、尼崎、姫路の三拠点がフル稼働したときに生産される年間のパネル数はテレビ五〇〇〇万台分に相当するが、これは二〇一一年の世界の総需要量の三割にあたるとされていた（米国ディスプレーリサ

（4）　兵庫県は二〇〇四年度に一定以上の規模の工場を県内に建設する企業に対して最高三〇億円を補助する制度を創設。翌年度に上限額を撤廃し、設備投資額の三パーセントを補助する内容に変更した。同制度は、尼崎市に進出した松下電器産業のプラズマテレビ用パネル工場に適用され、総額一六八億円が支払われることとなった。（神戸新聞二〇〇七年一一月一三日付）

図7－2　パネルベイ

大阪湾岸で建設が進む薄型パネル工場

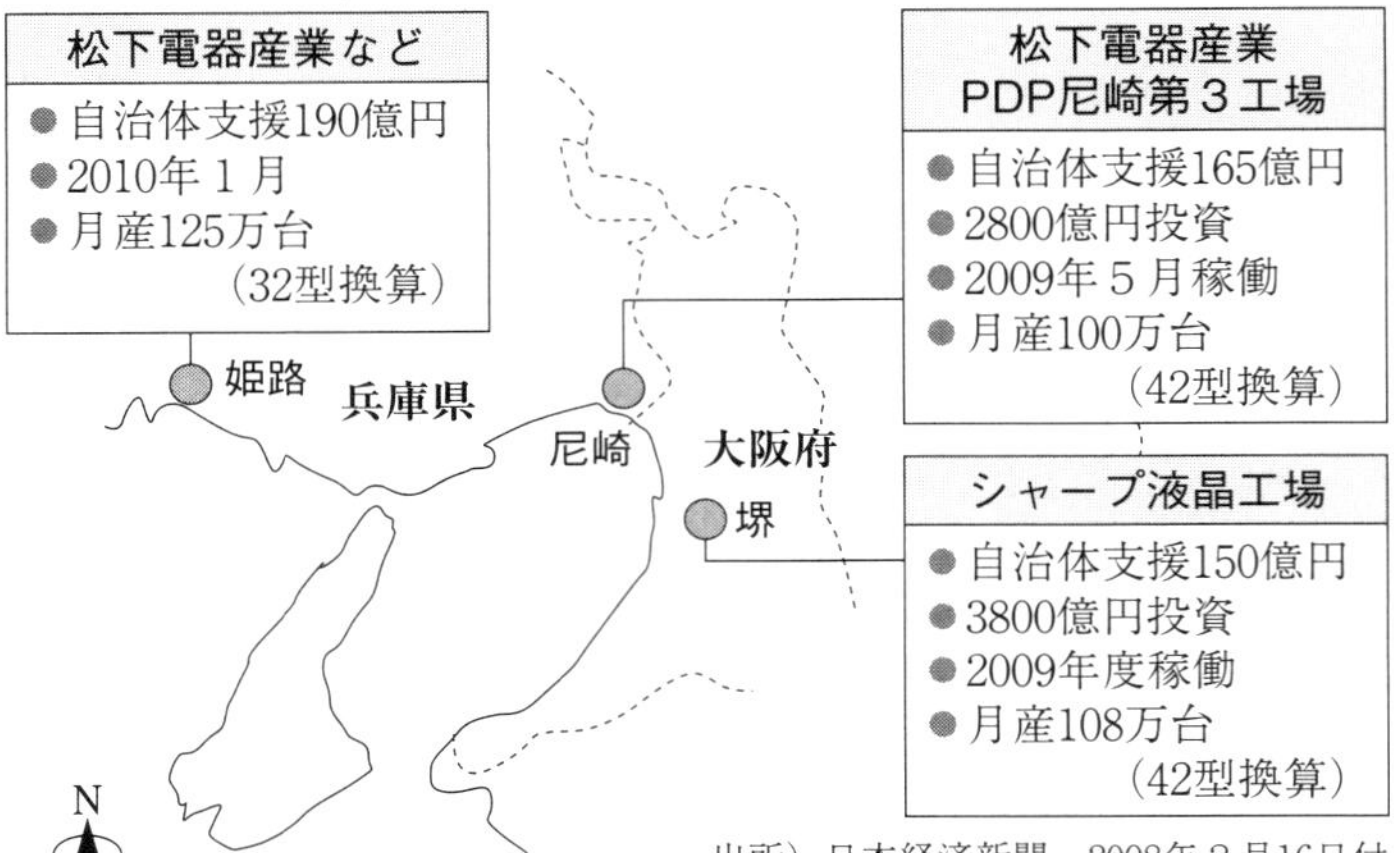

出所）日本経済新聞、2008年2月16日付

ーチ社調べ）。

さて、二〇〇七年一二月、大阪府はシャープに対する補助金を最終的に一三六億円と確定したが、隣接地に立地する関連企業（二二六ページの**表7—1**参照）のコーニング社や凸版印刷など三社にも計一八〇億円を交付することも発表した。それにより、補助金の合計は三三〇億円にも達することとなった。当時の地方自治体は、財源不足から企業誘致競争に走っていたため、補助金の上限額も**表7—2**に見るようにうなぎ上りとなっていた。

しかし、一方で企業が補助金を本当にどれだけ必要としているのかは、実は分からない。というのも、すでに述べてきたように、企業にとっては一時的な補助金よりも、むしろ将来の成長力の獲得や世界的な競争力の獲得をにらんだ

表７－２　企業誘致の補助金上限ランキング

補助金上限ランキング

［2007年９月末時点、20億円以上の自治体のみ。
カッコ内は2006年９月末時点、－は変更せず］

順位	自治体名	上限額
1	大 阪 府	150億円（30億円）
2	和歌山県	100億円（　－）
3	三 重 県	90億円（　－）
4	岐 阜 県	70億円（　－）
	岡 山 県	〃（　－）
6	千 葉 県	50億円（　－）
	新 潟 県	〃（　－）
	富 山 県	〃（　－）
	大 分 県	〃（10億円）
	宮 崎 県	〃（ 5億円）
	横 浜 市	〃（　－）
12	北 海 道	37億円（　－）
13	鳥 取 県	36億円（　－）
14	福 島 県	35億円（ 5億円）
	石 川 県	〃（　－）
16	福 井 県	34億円（　－）
17	青 森 県	30億円（　－）
	栃 木 県	〃（　－）
	滋 賀 県	〃（　－）
	高 知 県	〃（　－）
	佐 賀 県	〃（　－）
	長 崎 県	〃（11億円）
	浜 松 市	〃（ 2億円）
	大 阪 市	〃（　－）
25	千 葉 市	25億円（　－）
26	神奈川県	22億円（82億円）
27	秋 田 県	20億円（　－）
	京 都 府	〃（　－）
	島 根 県	〃（　－）
	広 島 県	〃（　－）
	熊 本 県	〃（　－）

出所）日本経済新聞、2007年11月19日付

戦略的な立地のほうが重要だからである。その意味では、自治体は補助金を上げることよりも、企業にとっての「付加価値増大のチカラ」のポテンシャルを上げることを考えるほうが有効だといえるのではなかろうか。

〈2〉パネルベイのその後と補助金返還

二〇〇九年に大阪湾に出現したパネルベイは、稼働直後、二つの大きな誤算に直面した。最初の誤算は、パネルを使った薄型テレビの需要低迷である。パネルベイが計画された二〇〇七年頃は、世界的なデジタル放送化への移行期と重なるほか二〇〇八年の北京オリンピック効果もあって、旺盛な買い換え需要が世界中で発生していた。国内でも、二〇一一年七月のデジタル放送への転換（アナログ放送の停止）とエコポイント制度に支えられた特需が続いていた。

しかし、パネルベイが稼働し始めた二〇〇九年春にはそれらの特需も終わり、世界的な飽和状態に転じた。さらに、韓国、台湾、中国企業による安い薄型テレビが大量に市場に出回るようにもなった。その結果、テレビ価格の急激な下落が始まり、価格競争が激しくなっていったのである。

ところが、この価格競争の障害となったのが円高で、これが二つ目の誤算であった。パネルベイが計画された二〇〇七年は、一ドルが一一〇～一二〇円で推移していた。しかし、稼働し始めた二〇〇九年春には一ドル九〇円台に突入し、さらに二〇一一年三月一一日に東日本大震災が発生すると、円は戦後の最高値を更新する一ドル七六円台に達し、二〇一二年は七八～八〇円前後を推移する事態となった。

円はユーロに対しても高騰した。二〇〇八年の夏には一ユーロが一六八円台であった円は、パネルベイが稼働し出した二〇〇九年春には一三〇円前後にまで高騰した。さらに、二〇一〇年にはギリシャの経済危機も発生したことでヨーロッパに通貨不安が広がり、二〇一一年末には一〇〇円を切り、二〇一二年夏にはなんと九五円前後にまで円が値上がりしたのである。つまり、パネルベイの開業から三年ほどの間に、円は対ドルでも対ユーロでも三〇円以上値上がりしたわけである（ただし、二〇一二年一二月以降は円安に転じている）。

世界的なテレビ不況と価格下落、そして空前の円高により、パネルベイで製産された大量のパネルは行き場を失い、不良在庫となった。結局、パナソニックは二〇〇〇億円を投じて二〇〇九年に稼働し始めたばかりの世界最大のプラズマパネル工場である尼崎第三工場と二〇〇五年から稼働していた第一工場を、二〇一一年秋に休止することを決断した。そしてシャープも、四三〇〇億円もの巨費を投じた堺市の最先端液晶パネル工場を、台湾の鴻海《ホンハイ》精密工業との共同運営に切り替える決断を二〇一二年七月に行った。

　ちなみに、シャープは二〇一〇年度と二〇一一年度に連続して三七〇〇億円規模の赤字を計上し、さらに二〇一二年度の決算（二〇一三年三月期）では四五〇〇億円もの赤字を見込んだ。またパナソニックも、二〇〇八年度から巨額赤字を出し続け、二〇一一年度には七八〇〇億円の赤字を計上し、(5)二〇一二年度（二〇一三年三月期）でも七六五〇億円の巨額赤字を見込んだ。このようにパネルベイは、日本の家電産業自体が大きな危機に瀕するなかで完全な不発に終わることとなってしまったのだ。

　問題は、これらの工場誘致に際して支払われた補助金の行方である。パナソニックの尼崎工場の休止に伴い、兵庫県は二〇一二年二月に誘致補助金の一部一二億六〇〇〇万円の返還を要求し、同年四月にパナソニックから同額の交付金が返金されている。

　一方、シャープ堺工場の不振は、そこに部材を供給する関連企業（二二六ページの**表7―1**）にも深刻な影響を与え、そのうち大日本印刷と凸版印刷の二社がそれぞれの堺工場を売却した。これにより、大阪府は両社に対して支払った補助金の返金を請求し、二〇一二年八月に大日本印刷から約一五億七〇〇〇万円が、凸版印刷からは約一六億八〇〇〇万円が大阪府に返還されている（日本経済新聞、二〇一二年八月一三日付）。

　このような補助金に関する返金問題は全国で見られる。たとえば、パナソニックが二〇一二年三月に閉鎖した千葉県茂原市の工場では、交付された県の補助金約二〇億円のうち三・四億円が返還されているし、シャープの亀山工場も二〇〇九年に一部の生産ラインが中国に売却され規模が縮小したため、県と市から受け取った一三五億円の補助金のうち六・四億円を返還している。

しかし、補助金の返還請求は、誘致条例にあらかじめ返還規定が存在しないとできない。自治体の誘致競争は激しさを増しているが、一方で企業立地がますますドラスティックに変化する現代では、補助金を交付する条件として、最低操業期間や撤退・事業縮小が生じた場合の返還条項を誘致条例に明記しておく必要があろう。

3 立地の「空中」をめぐる攻防

総額七〇〇億円。これは、ＪＲ東日本が東京駅の「空中権」を三菱地所に売却した際の金額である。東京駅といえば丸の内に立つ赤煉瓦のレトロな建物を思い浮かべるが、現在の建物は五年がかりで開業当時（一九一四年）の姿に復元されたものである（二〇一二年秋完成）。その工費、約五〇〇億円。この巨費を捻出するために利用されたのが「空中権」の転売制度であった。

（５）二〇一一年度は、前年比で売り上げが約八四〇〇億円減少した。このうち、円高の影響が二〇〇〇億円、残り六四〇〇億円のうち、薄型テレビなどのＡＶ機器事業の販売不振が七割を占めた（東洋経済オンライン、二〇一二年五月一四日付）。

どういうことかというと、東京駅は改修後も以前と同様に三階建てとなり、しかも国の重要文化財であるがゆえに将来にわたって高層化されることはない。そこで、**図7―3**のように、本来許容されている東京駅の容積率の未利用部分（駅ビルの頭上部分）を隣接ビルに売却あるいは移転し、周辺のビルの高さを積み増したのである。

では、「空中権」とは何か、ここで少し説明をしておこう。

通常、建築物を建てる際には建築基準法に基づいた「容積率」（敷地面積に対する建物の容積）と「建ぺい率」（敷地に対する建物の被覆率）の制約が課せられる。たとえば、「容積率が四〇〇パーセント」で「建ぺい率が八〇パーセント」と決まっている場所だと、敷地面積が一〇〇〇平方メートルの土地には四倍の四〇〇〇平方メートルの容積（総床面積）の建物が建てられるが、建ぺい率が八〇パーセントなので、最大でも敷地の八割にあたる八〇〇平方メートルの床面積のビルとなる。その場合は、四〇〇〇÷八〇〇で五階建てのビルが限度となってしまう。

仮に、もっと高いビルにしようとすると床面積を小さくするしかない（ちなみに、半分の四〇〇平方メートルにすると倍の一〇階建てになる）。いずれにしろ、この容積率は大きな規制であり、場合によっては土地の利用価値＝場所のチカラを制約してしまう要因にもなる。

そこで、都市開発を進めるための規制緩和策として打ち出されたのが「特例容積率適用区域制度」である。この制度は、指定された地域内で、未利用の容積率を地区内のビルに転売できると

図7－3　東京駅の空中権移転

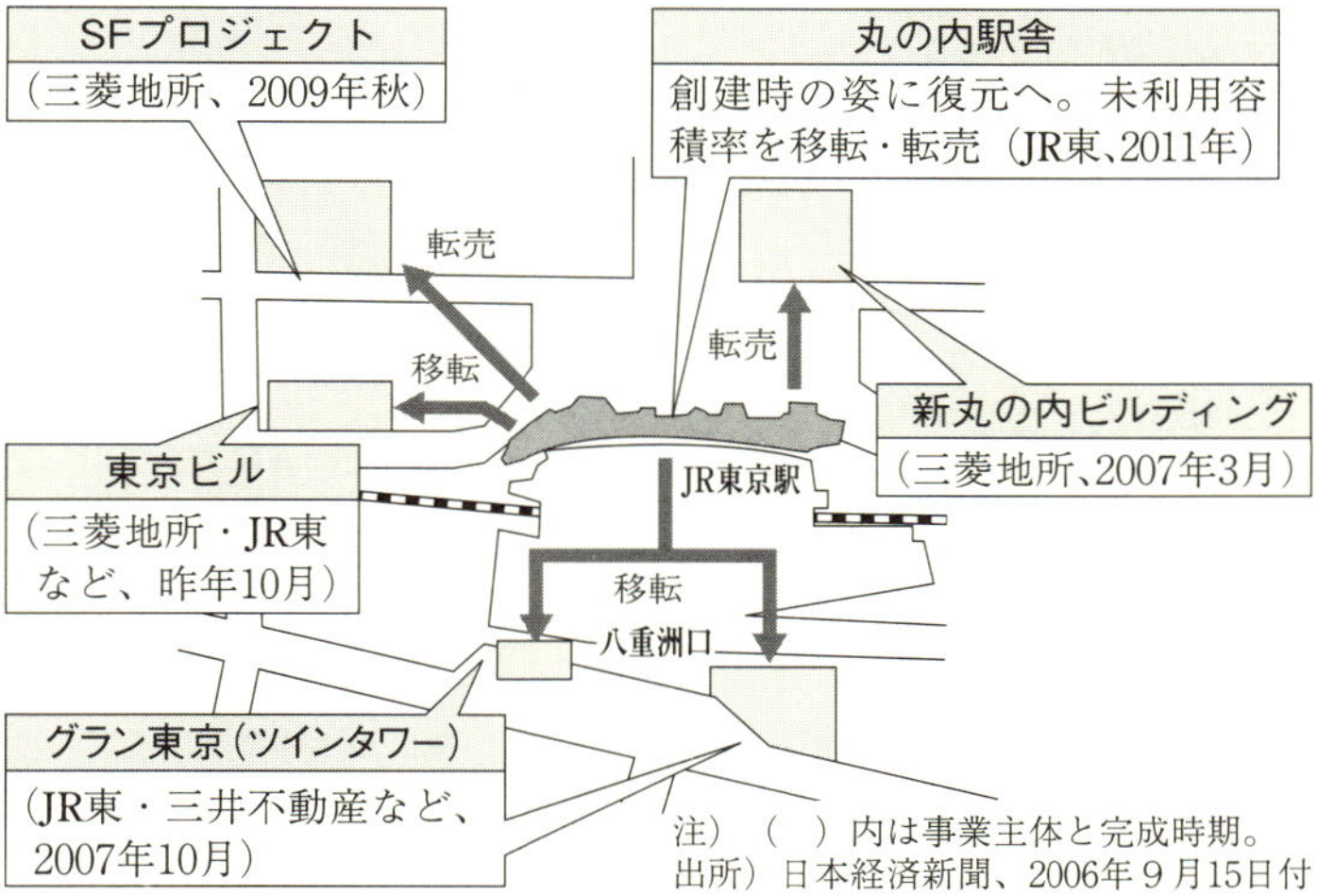

注）（　）内は事業主体と完成時期。
出所）日本経済新聞、2006年９月15日付

復元後の東京駅舎と周辺の高層ビル（2012年）

するものである。(6)従来から、隣接地のビルに限っては「空中権」を転売することが認められていたが、(7)この制度では、指定地域内であれば隣接していないビルにも転売できることがミソである。

近年、東京駅の周辺には「東京ビル」「新丸ビル」「丸の内パークビル」「八重洲ツインタワー」といった高層ビルが矢継ぎ早に完成しているが、これらすべてが東京駅の空中権の買い取りによって高さが積み増しされているのである（二三五ページの**図7―3**参照）。もちろん、この制度は一方で景観面でのディメリットを発生させるリスクもある。しかし、この制度によって、東京駅という「場所」がまさにタダで巨額の資金を生み出す「チカラ」を得たという点は興味深い。

このような可能性を秘めた場所は、全国に多数存在するはずである。また、買った側のビルも容積（床面積）が増えれば平方メートルあたりの分譲価格や賃料を低下させることが可能となり、場所のチカラの有効利用にも資する。さらに、指定地域内で空中権をやり取りすることは、敷地単位ではなく「街区単位での場所のチカラ」を強化するという効果もある。このような意味で、非常に興味深い制度といえるであろう。

二〇一二年秋の完成以来、新しい観光スポットとして人気を集めている東京駅であるが、そのレンガ造りのレトロな駅舎と背後にそびえ立つ高層ビル群との間には、このような空中権のやり取りがあったことを忘れないで欲しい。

4 立地の「底地」をめぐる攻防

第6章で商店街における所有と利用との分離（底地と上物の分離）の問題に触れたが、近年は物流施設、本社オフィスビル、ショッピングセンターなどでも所有と利用の切り離しが見られるようになった。その目的はまちづくりとは無縁のものであり、企業による新たな資金調達である。つまり、企業の立地は費用節減や収入増大、付加価値増大といった場所のチカラをベースに選定されてきたのであるが、近年はその資産としての側面が新たな「資金調達のチカラ」を生むようになってきている。先に述べた空中権の売買もそうであったが、既存の場所（不動産）が新たな資金源になってきているのである。

（6）　この制度は、二〇〇〇年の都市計画法の改正によって設けられた。この制度の指定地域としては、二〇〇二年に東京駅周辺開発をめざして指定された東京都千代田区の「大手町・丸の内・有楽町地区特例容積率適用区域」（一一六・七ヘクタール）が初である。

（7）　隣接地への空中権の移転例の一つに、東京・日本橋の三井タワーがある。もともとは一五階程度のビルしか建たない容積率の場所であったが、隣の三井本館（重要文化財）の建物から空中権を得ることで三九階まで積み増すことができた。このような例は、大阪をはじめとして全国に見られる。

すでに述べてきたように、近年の企業はネットワーク再編のスピードを速めてきており、迅速な立地戦略が成長にとって重要なものとなってきている。しかし、新たな事業所や店舗を設置する場合は、その資金をどこから調達するのかという問題が生じる。かつて地価が上昇していた局面では、それらの資金は保有する既存の土地を担保にして、もっぱら銀行などの金融機関から利子を付けて調達されてきた。地価は右肩上がりに上昇するものであったから、金融機関側は土地を担保にとれば安心であったし、借りる側もいざとなれば土地を売却すれば返済が可能であるという安心感があった。

ところが、バブル崩壊後の地価下落でこの調達の仕組みが崩壊した。かつて流通業界を席巻したダイエーは、既存店舗の不動産を担保に銀行から資金を借り入れて新しい店舗を開発し、またそれを担保として次の店舗を開発するというように、不動産の値上がりを見込んだ借入金で新規出店を繰り返して急成長を遂げた。ところが、バブル崩壊後に担保不動産の価値が急落していくと同時に返済のめどが立たない有利子負債が膨らみ、経営危機に陥ったことはよく知られている。

金融機関もバブル期の過剰融資の反省から、近年では担保不動産の評価を厳しくしており、企業側は思うような借り入れができなくなる事態となっている。また、会計制度や企業評価基準の変更もあって、有利子負債をいかに増やさないかも企業の課題となっている。

その一方で、企業成長のための立地再編はスピードを要求されており、資金力が競争優位性を左右する事態となっているため、有利子負債を増やさずに資金を調達することをめざす必要が高まっている。しかし、単純に土地を売却すると立地を変化させねばならない。そこで、立地を変動させることなく＝事業をその場所で継続しつつ資金を入手する手法として、不動産の流動化＝証券化が着目されているのである。

そもそも、企業が所有する不動産から資金を調達する方法には大きく二つのやり方がある。一つは第三者に不動産を売却したのちに賃貸契約を結んで事業を継続する方式（単純なリースバック）であり、いま一つは「特定目的子会社」（Special Purpose Company、以下「ＳＰＣ」と表記）へ売却したのちにそのＳＰＣから借りる方式である。ここでいうＳＰＣとは、不動産証券化という特定目的のための子会社である。(8)

まず、前者の方式は、バブル崩壊後の「所有から利用へ」や「もたざる経営」あるいは「リストラ」の浸透とともに増大してきた。とりわけ、経営再建のための資金を得るため本社ビルが売却される際に選択されることも多い。たとえば、期限切れ材料の使用問題で大きく揺れた「不二

（8）　ＳＰＣには多様なものがあるが、特定目的子会社は「資産の流動化に関する法律（ＳＰＣ法）」に基づいたもので、他のものとは区別されている。ＳＰＣは不動産の管理については別の管理会社に委託するため、ペーパーカンパニーであることが多い。またＳＰＣは、利益の九〇パーセント以上の配当を行うなどの一定の要件を満たすと（税務上の損金として認められるため）法人税が免除される。

家」の場合は、二〇〇七年三月に銀座の本社ビルを売却して得た利益の約一三〇億円を赤字の穴埋めに使った。リコール隠し問題で経営困難に陥った三菱自動車は、二〇〇四年一二月に東京品川の本社社屋を売却して三〇〇億円の再建資金を得ている。

さらに銀行も例外ではなく、二〇〇七年九月に「東京スター銀行」は東京港区の本店売却で一八一億円を調達し、二〇〇八年三月には「りそな銀行」も東京・大手町の本店売却で一〇〇〇億円以上の資金調達を行って融資原資や公的資金の返済にあてている。近年では、巨額赤字に陥った東京電力やパナソニックも、本拠地とするビルの売却による資金獲得に動いている。

このように自己不動産の売却で得た資金は、借入金とは違って利子が発生しないし、自己資金であるのでその使途についても自由である（銀行からの口出しもない）。また、売却先と賃貸契約を結べば、移転もせずに立地をそのまま継続させることもできる。その意味では、新たな資金を生む「場所のチカラ」というものも存在するのである。

しかし、売却した先の企業がどこかに転売してしまうと、移転（追い出し）を余儀なくされる（立地を維持できなくなる）というリスクもある。その点で、後者の「ＳＰＣ」に売却する方式が着目されている。

ＳＰＣを利用した最初の企業は、倒産前のマイカル（現在はイオン傘下）であった。同社は、まず既存店舗の有価証券化のための一〇〇パーセント子会社（ＳＰＣ）を設立した。**図７―４**のように、そこに店舗不動産を売却して売却資金を得る一方で、ＳＰＣと賃貸契約を結んで毎月家賃をＳＰＣに支払う。ＳＰＣは自己の子会社なので、店舗を転売されて追い出されるリスクもなく、家賃もリーズナブルなものとなる。

ＳＰＣは、その不動産を証券化して小口に分割し投資家に販売して、店舗不動産の買い取り資金を集める。小口証券なので（多くは一口二〇～五〇万）投資家にとっては投資がやりやすくなる。また、家賃収入については、ＳＰＣが管理費を差し引いた残りを投資家に配当するが、それは銀行預金の利子よりも高いことから投資家にはメリットが多い。

図７－４　SPCを使った店舗証券化

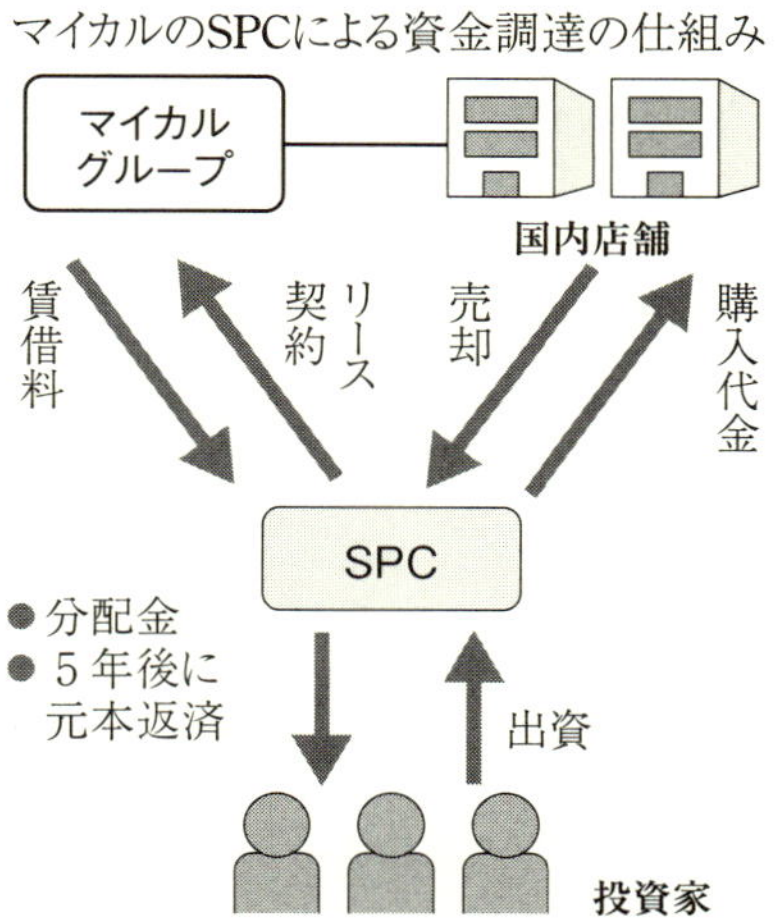

マイカルのSPCによる資金調達の仕組み

出所）日経流通新聞、1999年４月20日

ところで、近年ではファンド（投資法人）やリート（不動産投資信託＝REIT）に不動産を売却する例も増えてきている。製造業の場合も工場施設や物流施設を投資ファンドに売却して新たな資金を獲得するケースが増えている。ファンドの側にも、産業用不動産を専門に購入し証券化するものが存在する。たとえば「産業ファンド投

資法人」は、関東や近畿などに一四か所の大型物流センターと四か所のインフラ施設（地域冷暖房センターなど）および工場・研究施設を五か所保有している。また「日本ロジスティクスファンド投資法人」は、首都圏を中心に三〇の物流センターを保有している。物流施設は、オフィスビルやマンションの場合と比べて取得価格が安い割りに収益性がよく（管理運営費が安い）、賃貸も長期で安定性も高い。それに、施設自体も工場と比べると汎用性が高いのが利点とされる。

ただ、証券化事例の多さという点では、大型の商業施設＝SCのほうが上回っている。商業の場合は、むしろファンドの資金力を店舗開発速度の上昇＝出店競争に利用して成長力を高めようとする動きも見られる。たとえば「イオンモール」は、自社が運営するSC一七か所の土地・建物の所有を三菱商事とスイスの金融グループが設立した「日本リテイルファンド投資法人」（日本リテイル）に譲渡している(9)。つまり、イオンモールの多くの施設は定期借地契約を結んで日本リテイルから賃借して営業されているのである。

一方、日本リテイルは「Jーリート（J-REIT）(10)」として上場しており、イオン系SCを中心に二〇か所以上のSCを保有して証券化し、賃料収入を得て投資家に収益を分配している。また、イオンは自ら不動産投資信託（Jーリート）を立ち上げて（二〇一三年）、自社のショッピングセンターを活用した資金調達を始める。つまり、イオンがいったん自社系の投資信託会社にショッピングセンターを売却して現金を調達し、改めてリースバック（借り直）して店舗を営業するものであり、投資信託会社はその賃料を投資家に分配していく仕組みである。

イオンは同社最大のショッピングセンターである「レイクタウン」（埼玉県越谷市）も含めた二〇店舗程度を売却するとされるが、その結果二〇〇〇〜三〇〇〇億円程度の資金（店舗売却代金）がイオンに入る。イオンは、これを使って国内やアジアに新しいショッピングセンターを開発していくこととなる（日本経済新聞、二〇一二年六月二三日付）。

商業施設の証券化は二〇〇六年にすでに一兆円を超えているが、最近ではロードサイド型専門店のような小型物件まで証券化されてきている。このように流通業界では、成長の源となる資金調達の仕組みとして底地や建物の証券化（所有と利用の分離）が進んできているのである。企業は、事業所不動産を売却することで無利子の資金調達を行っているが、それは成長のための次なる投資（立地展開）のスピードを上昇させるものと考えてよかろう。

(9)　イオンモールは、三菱商事系のダイヤモンドシティとイオン直系のイオン興産とが合併してできたSC開発ディベロッパーである。日本リテイルは、このうち旧ダイヤモンドシティ系のSCの土地を中心に所有するが、エスパのようなイトーヨーカ堂系の物件も所有している。

(10)　Jリートの「リート（REIT）」とは、不動産投資信託の一種で「Real Estate Investment Trust」の略称。日本型という意味で頭に「J」が付く。通常の不動産投資信託はリスクが大きいが、株式と同じように上場することで資産と運用の透明性（開示性）を高くし、小口での流動性も高くした。二〇〇一年から始まり、二〇一三年一月時点で三七本のリートが上場されている。

今後もこのような戦略がいっそう進展すると考えられるが、他方、それは企業立地を受け止める地域の側にとってはどのような意味をもつのであろうか。その点も、注意深く見ていく必要があろう。

5 場所のチカラの開発をめぐる攻防

①二毛作立地

大都市に立地する飲食店の悩みは、昼と夜との集客の差であろう。飲み屋街に立地する居酒屋は昼間には閑古鳥が鳴いているし、オフィス街に立地する定食屋では夜に閑古鳥が鳴く。一等地で高い家賃を払いつつも、実質的に収益を生む時間帯が限定されてしまっているのである。いわば、「死に時間」が発生するという問題である。

この点に着目して、一つの立地（店舗）で時間帯を分けて二つの業態を展開したのが「プロント」である。つまり、時間帯別に二業態を使い分けて、収入増大のチカラを有効利用する手法である。収入が増大すれば、家賃負担力が上昇して単独業態では経営が成り立たなかった場所でも出店が可能となる。

プロントは、ＵＣＣとサントリーの共同出資会社で、昼間はＵＣＣのノウハウを生かしたイタリアン・カフェ、夕方からはサントリーのノウハウを生かしたカジュアルバーを営業している。もちろん、店舗は一つで、夕方五時を境にメニューがガラッと変わり、同時に店内の照明が暗くなる。明るいイタリアンカフェのイメージを残しながら、夕方からは勤め帰りのＯＬが女性同士で立ち寄れるおしゃれな雰囲気のイタリアン系のバーにしているのである。

このような一つの立地に二業態の店舗を出すことを、飲食業界では「二毛作」と呼んでいる。そもそもは、プロントが一九八八年に始めたのが最初とされるが、近年ではこのような業態が増えつつある。ラーメン屋（昼）＋ダイニング（夜）、定食屋（昼）＋居酒屋（夜）、うどん屋（昼）＋焼鳥屋（夜）などの二毛作店が都心部の繁華街や駅前立地点で目立つようになってきた。

プロント西新宿店（写真提供：㈱プロントコーポレーション）

夜にアルコールを出す店に転換することで、客単価を上昇させると同時に収益率を上げるのが基本となっている。これにより、場所がもたらす収入増大のチカラを引き出し、高い立地コスト（家賃）を賄おうとする。逆にいえば、これまでは収益性の面から家賃が高すぎて出店できない場所にも出店が可能となる。

このようななか、近年は一つの立地で「三毛作」を行う店舗も見られるようになった。たこ焼き店「築地銀だこ」をチェーン展開する「ホットランド」社（群馬県桐生市）は、二～五月はたい焼き屋、六～九月は焼きそば屋、一〇～一月はたこ焼き屋と、一年を三期に分けて季節に応じた三業態を営む店舗を郊外の駅前に出店している。メニュー変更とともに看板やのれんももちろん変更される（日経ＭＪ、二〇〇八年七月七日付）。

また、東京・幡ヶ谷には、曜日により三つの店舗名を使い分けて異なるメニューを出すラーメン店も出現している。すなわち、月曜は新潟県燕三条市の背脂煮干醤油ラーメンを出す「どっかん」であるが、それ以外の平日は同県長岡市の生姜醤油ラーメンを出す「我武者羅」となり、土曜・日曜は同県巻町の濃厚味噌ラーメンを出す「弥彦」に変身するという三毛作である。

時間帯ごとの切り分けや、季節ごとの切り分け、あるいは曜日ごとの切り分けと、一つの立地が有する場所のチカラをどこまで引き出せるのか、あくなき追求が進んでいる。

②複合立地

一つの場所のチカラ（収入増大のチカラ）を増大させる手法には、異業種とのコンビネーション（複合化）を考えるという手法もある。これには二つの方向性がある。

一つは、カフェとインターネット店とを組み合わせた「複合カフェ」のように「複合業態」をつくり出す方向である。つまり、消費者に提供する商品やサービスの幅を大きく拡大させようとする手法である。それによって、従来は取り込めなかった消費者を顧客とできることから立地選択の幅も拡大することとなる。また、既存店においては、品揃えを拡大することでその場所がもともと有している収入増大のチカラを引き出すことも可能となる。

「TSUTAYA」もレンタルビデオ店ではあるが、雑誌や実用書を中心とする書店コーナーを併設した複合業態店が定着している。客層が重なる業態と一体化させて、品揃えの幅を拡大することで顧客吸引力と売上げを増大させようとしているのである。

いま一つの方向は、異業種（他企業）とのコラボレーションによる複合店舗化である。たとえば「ファミリーマート」は、二〇〇八年四月、サンドイッチ店チェーンの「サブウェイ」と組んで東京都内に複合店舗を出店した。コンビニと外食との、初のコラボレーションであった。

コンビニは一〇〇～二〇〇平方メートルの店舗が平均的であるが、サブウェイは最低二六平方メートルから出店が可能であり、複合店舗にしても用地確保の負担は小さい。お茶の水の複合店舗の場合も、ファミリーマートが一五九平方メートルに対してサブウェイは五六平方メートルで一二席となっており、その程度の店舗面積の確保なら困難はない。ファミリーマートは、すでに先述のTSUTAYAや家電の「ベスト電器」との複合店舗も出店している。

コンビニ業界では近年、このような異業種連携が盛んになりつつある。コンビニ同士の立地競合があちこちで厳しさを増しているなか、これまでのようにオリジナル商品開発だけでは競合店との差異化ができなくなってきたのである。つまり、顧客吸引力を大幅に上昇させるためには品揃えの幅を劇的に拡大する必要があり、また立地する場所のチカラを最大限に引き出す必要もあるが、そのための手法として他業態チェーンとの複合立地を採ろうとしているのである。

単独立地と複合立地を比較すれば、複合化の組み合わせを変えることでさまざまな場所への出店が可能となる。単独では採算がとれない場所（コンビニから見た場所のチカラが小さい立地点）でも、レンタルビデオ、家電店、あるいはドラッグストアというように複合化の相手を変えていくならば多くの場所で克服が可能となろう。

複合立地は、二毛作と同様に、一つの場所における立地可能性を大きく広げる手法であることからすでに多くの企業が採用しているが[11]、今後も増加するものと思われる。ただし、複合化は基本的には二種までで、それ以上の複合化による共同店舗となると「集積の利益（チカラ）」が働くと考えられる。つまり、商業集積化（第6章参照）の方向に転化することには注意が必要となる。

③居抜き立地

「居抜き」とは、業績不振などで閉店した店舗を内装や設備そのままに別の企業が借りて開業することをいう。一九九〇年代中頃から、流通業界ではコンビニや専門店をはじめとする店舗のリストラが行われてきた。とくに、消費不況が顕著になった一九九〇年代末頃からは店舗の寿命が短期化し、閉店と出店のスピードが一段と速くなってきている。それとともに、撤退跡を狙った「居抜き」出店が増大している。

通常の賃借契約では、借り主が撤退する場合は基本的には内装や設備をすべて取り払う（原状回復する）必要がある。いわゆる「スケルトン」（コンクリートがむき出し）の状態に戻して、家主に返却するのである。しかし、そのためには数十万から数百万円の撤去費用が必要となる。これは、経営不振で撤退する企業にとっては非常に重い負担となる。また、そこを同業の企業が借りる場合は、再度、一から内装や設備の工事をする必要もあるため新たな借り主にとっても負

(11)　その他の最近の事例を見ると、複合業態ではコンビニの「デイリーヤマザキ」や雑貨の「サンリオ」、「近畿日本ツーリスト」などがカフェとの複合業態店舗を開発したり、「ドトール（エクセルシオール・カフェ）」が書店併設業態店を出店するといった事例が見られる。複合店舗化では「デニーズ」と食品スーパーの「ヨークマート」との複合店舗や「デニーズ」と「セブンイレブン」との複合店舗、「モスフード」とジャム店の「セルフィユ」との複合店舗、カメラの「キタムラ」とパソコンの「PCデポ」との共同店舗などが出されている。

担が大きく、開店までの時間がかかることになる。

この無駄を省こうというのが「居抜き」の狙いである。つまり、撤退者は原状回復の負担がなくなるだけでなく、場合によってはその設備や備品を新たな借り手に安く売却（譲渡）することが可能となる。また、新たな借り手にすぐに引き継いでもらえるので、閉店から原状回復工事を行って撤退して引き渡すまでの間に払う家賃も不要となる。一方、借り手は、前の設備や備品をそのまま使えるため[12]出店コストが劇的に下がり、さらに開店までの時間も大幅に短縮できるので無駄な家賃が発生しない。

通常、改装などに要する開業準備期間として二～三か月を必要とするが、居抜きの場合は小型店なら早ければ二週間程度で開業することも可能である。さらに、大店立地法の申請が必要な大型店の場合は、店舗面積さえ変えなければ新たな申請が不必要であるために開店までの時間を大きく短縮できる。

重要なことは、初期投資が抑制できる分だけ減価償却が早く済んだり、家主との交渉で毎月の家賃負担が軽くなったりして経営的に黒字化しやすい店舗になるということである。簡単にいえば、収入増大のチカラが小さい場所＝立地が悪く収入（売り上げ）が少ない場所でも経費が安い分だけ黒字店になりやすいのである。

同じ場所で同じ業態の店舗を出しながら、一から出店するのと居抜きで出店するとでは、その後の経営のあり方がまったく違ってくる。また、出店スピードが上昇するため、チェーン企業の場合では成長速度や市場競争力（市場占有率）が上がるという点も大きな魅力となっている。

居抜き出店をチェーン展開に大々的に活用する企業としては、中古書籍販売の「ブックオフ」（ブックオフコーポレーション）や生鮮コンビニの「ローソンストア一〇〇（旧名「ショップ99」）」（九九プラス）が知られる。両社ともに、創業当時から居抜き出店を基本戦略として出店スピードを上げ、急成長を遂げてきた。

ブックオフが創業した一九九〇年は、ちょうど大店法の改正（規制緩和）が行われ、各チェーン店が店舗の大型化を進めようとしていた時期でもあった。そのため、大型店への移転跡の空き物件が豊富に供給されていたことが居抜きを採用した背景にある。一九九六年に創業した九九プラスの場合も、その頃からコンビニ企業による店舗リストラが始まったために、小型店の空き店舗跡が豊富に供給されていたという背景がある。

ブックオフがもっとも効率的とする居抜き物件は物販店の跡地である。たとえば、郊外型の紳士服専門店などは柱が少ない構造でよけいな設備（厨房など）がないため、洋服を吊してあった

(12)　たとえば、ラーメン店の跡にラーメン店が入る場合は、ダクト設備や厨房設備（流しやレンジ、皿洗い機や業務用冷蔵庫など）、カウンター、テーブルや椅子などがそのまま使える。居酒屋の跡地に居酒屋が入居する場合も同様で、設備はもちろん食器類まで利用できる。

家電量販店として使われていた頃の店舗

ブックオフが居抜きをした後の姿
（写真提供：ブックオフコーポレーション㈱。上下とも）

棚やラックを取り払い、そこにそのまま本棚を入れることができる。看板や内装の一部を新しくするだけでよいので、出店コストも安く済む。

飲食店からの転換の場合などは、建築基準法や消防法の規制が異なるので業態転換の申請が必要となるし、店舗の改修も必要となるが、物販同士の居抜きはそのような手間が不要となる。もちろん、大店立地法の再申請も免除され変更登録だけで済む。早ければ、店舗情報の入手から二か月で開店することが可能とされる。この出店スピードの早さと出店コストの抑制が、同社の成長力を支えてきたのである。

一方、九九プラスの場合は、小型のコンビニ跡地への出店を基本戦略としてきた。コンビニ跡地は、生鮮コンビニがそのまま利用できる構造だからである。ただし、コンビニの閉店跡は効率の悪い狭小店舗や商圏環境の悪い店舗であることも多い。同社では、物流インフラの整備が遅れたことも手伝って次第に不採算店舗が増大し、二〇〇六年頃から業績が悪化していった。そこで、二〇〇六年の大量閉店（九二店）を経て、二〇〇七年二月からはローソンと業務提携することで立て直しを図り、二〇一〇年七月にローソンの完全子会社となった。(13)

（13）現在は、全店舗が「ショップ99」から「ローソンストア一〇〇」に改称されている。これにより、九九円均一店から一〇〇円均一店になり、売り上げも一パーセント増大した。

居抜きは効果的な手法ではあるが、業態や店舗コンセプトが大きく異なる場合は別として、同じような業態やコンセプトで閉店跡に入居することにはそれなりのリスクも伴うことがうかがえる。

④オフィス内立地

通常、ものを売る場合は、店舗となるスペースを確保するか、無店舗の通信販売をやるかという選択になろう。しかし、そのどちらでもない、いわば他人のスペース内に店舗を無料で開くという手法がある。その典型は、富山や奈良の配置売薬（置き薬）であろう。個人の家庭やオフィスに薬箱を無料で置かせてもらい、定期的に巡回して使用した薬の補充と代金回収を行う手法である。薬箱は、いわば家賃が発生しな

「オフィスグリコ」のボックスと巡回ワゴン（写真提供：江崎グリコ株式会社）

い小型店舗である。

ところが、近年、この手法を大手菓子メーカーの江崎グリコ株式会社が採用するようになった。同社は、「オフィスグリコ」と名付けたプラスチック製のボックスに菓子類を詰めてオフィスに置かせてもらうビジネスを展開している。ボックスのサイズは、底面がB5サイズで高さが四〇センチであるため、どこにでも設置が可能である。ボックスのなかには一〇種類二四個の菓子が入っており、値段は一個一〇〇円均一となっている。

社員はオフィスから出ることなく、一〇〇円玉を箱に入れるだけで手軽に気分転換のお菓子を口にすることができるし、会議の場や残業の際にも利用される。したがって、会社側は福利厚生の一環としてボックスを設置し、グリコ側は家賃を払わずに消費者のすぐ横に店舗を立地させることになる。まさに、究極の立地戦略といえよう(14)。

二〇一二年現在、ボックスの設置台数は約一二万台、それにアイスと飲料を入れた冷蔵庫型の「アイスリフレッシュ・ボックス」も一万台以上設置されている(15)。一つのボックスには二四〇〇

---

(14)　一九九九年二月から大阪の都心部で試験的にスタートさせ、その後、二〇〇二年三月から東京の都心部で本格的に事業を開始した（ヒヤリングによる）。

(15)　冷蔵庫にはアイスが三、四種類二五個、飲料が一八種類六〇本入るのが基本である。飲料については自販機との競合がある。

表7－3　オフィスグリコの地域別拠点数と配送手段(2008年)

地域	拠点合計	徒歩のみ	徒歩+バイク	バイク+車	車のみ	すべて
首都圏	19	7	10	0	2	2
中京圏	4	2	0	0	2	0
近畿	18	4	4	1	9	4
九州	5	2	0	1	2	0
小計	46	15	14	2	15	6

出所）㈱江崎グリコホームページを基に筆者整理。

円分しか商品が入っていないため、平均すると週に一〇〇〇円程度の売り上げしかないが、二〇一一年実績の年間総売上は何と四一億円にも達している。「チリも積もれば」方式の勝利である。

ボックスの補充や代金回収は、原則として週に一回巡回してくるサービス・スタッフが行っている(16)。それゆえ、グリコ側としては、いかに効率よくオフィスを巡回できるかが収益性のカギを握ることになる。換言すれば、巡回拠点を中心としたボックスの「空間密度」が問題となるのである。

このようなことから現在は、設置エリアが首都圏、大阪市・神戸市・京都市の周辺、名古屋市周辺、福岡市・北九州市周辺に限定されており、とくにオフィスの密度が高い地域が中心となっている。巡回手段としては、徒歩、バイク、車などがオフィス分布状況に応じてとられているが、とくに都心部の巡回拠点はオフィス街のなかに設けられ、そこから写真（二五四ページ）のような手押しワゴンに商品を詰めたサービス・スタッフが半径一キロメートル圏内のオフィスを徒歩で回っている。その圏域を越えるとバイクが併用され、さらに郊外になると車での巡回も行われている。

表7—3は、巡回手段ごとにオフィスグリコの巡回拠点（販売センター）を分類したものである（重複あり）[17]。これによると、徒歩のみの巡回拠点が一五か所で全体の三割以上を占めていることが分かる。一方、徒歩とバイクを併用する拠点や車のみの拠点も同程度あるが、巡回効率から見ると徒歩のみのほうがよい。とくに、大きなビルのなかに多数のオフィスが入居している場合は、エレベータの上下移動だけで巡回が済んでしまうからである。

一方、都心から離れるにつれてオフィスの密度は低下して、移動時間の占める割合が高くなる。サービス・スタッフはパート従業員であるため、移動時間の増加は人件費を増加させて利益を押し下げてしまう。とはいえ、都心の場合はオフィスを出ればすぐコンビニなどもあって競合が増えるので、ボックス当たりの売り上げは比較的小さい。それに比べて、郊外になると周辺に競合

---

(16)　代金は各オフィスの社員のモラルに従って支払われるが、回収率は事業の試行段階から九五パーセント程度を維持しているとされる。残り五パーセントは、ほとんどが単純な払い忘れのようである。利用者は、女性よりも普段は菓子を買わない男性のほうが多く、七割を占めるとされる。馴染みのなかった菓子を試しに食べているうちに、ハマる社員もいるようである。

(17)　二〇一二年時点の拠点数は五六か所で、そのうち二四か所が首都圏にある。

店舗がなくなるので売り上げが高くなる。したがって、現在のところではバイクや車で巡回するエリアでも利益が出ているようである。今後は、地域を拡大することよりもボックス密度を上昇させることに力が入れられるとされている。

実は、一五年間に大きく成長した「オフィスグリコ」にならって、ロッテも「オアシス・ボックス」という置き菓子事業を行っている。また、森永乳業も、オフィスに冷蔵庫を設置してプリン、ヨーグルト、乳飲料を置く事業「森永コンビニＢＯＸ」を展開している。同社は、牛乳販売員のネットワークを活用して商品の補充や代金回収をしている。

このような、いわば他者の「場所」に入り込んでそこのチカラを利用する手法がどこまで広がるのか、今後が注目されるところである。

6 流動商圏の発生場所をめぐる攻防

場所のチカラの開発を目指した立地現象のなかでも、とくに近年注目を集めているものがある。それが、「流動商圏」とでも呼ぶべき商圏が有するチカラの開発をめざした動きである。一般に小売業や外食業にとっての商圏は、店舗を中心とした周辺の空間領域をさす。その空間内にどのような人がどれだけ住んでいるのか、その空間内にある職場や学校にどれだけの人が通うのかが、店舗の売り上げを左右する重要なカギとなる。その意味では、商圏は空間内に固定化されたものであり、その固定商圏が少子高齢化などで変化すれば、それへの適応化が迫られ、適応化しても収益が期待できない場合は閉店して別の商圏に移動することになる（立地移動）。

しかし、近年では、このような商圏に対する伝統的な前提が急速に崩れつつある。というのも、商圏を固定的にとらえるのではなく、その流動性の側面に着目して、消費者が行き交う交差点（要《かなめ》）に位置する場所に発生するチカラ（収入増大のチカラ）を開発しようとする動きが加速しているからである。ここでは、とりわけ大きな流動商圏が発生している鉄道駅、高速道路、空港といった場所が有するチカラの開発をめぐる攻防に焦点をあててみたい。

①駅ナカ立地

近年、大都市の鉄道駅の変貌ぶりが著しい。駅の改札の中といわず、外といわず、ショッピングセンターかと見まがうほどの光景を目にすることも珍しくない。昔は、駅の小売業といえば「キオスク」やホーム上の売店くらいしかなく、そこでは新聞・雑誌や飲料、ガムやパンなどが置いてある程度であって、その他は弁当売り場や駅そば店が見られる程度であった。それが、いまやコンビニ、ケーキ店、ベーカリーショップ、書店、衣料品店、雑貨店、化粧品店、アクセサリー店などが軒を連ね、高級スーパーや高級レストランまで見られるようになっている。

とくに、多くの駅で目にするのがコンビニである。JR東日本なら「NEWDAYS（ニューディズ）」を、JR西日本なら「Heart·in（ハートイン）」を、小田急なら「Odakyu MART」を、阪急なら「ASNAS（アズナス）」をというように、各鉄道会社は独自のコンビニチェーンを駅に展開している。

表7—4は、日本のコンビニの一店当たりの一日の来客数ランキングである。これを見ると、ベスト5がすべて鉄道会社系チェーンで占められており、主に市街地の固定商圏で展開する大手コンビニはかなり大きな差を付けられている。この集客力の大きさこそが、流動商圏の発生場所「駅ナカ」の威力なのである。では、この駅ナカでは何が買われているのであろうか。

表7—5は「駅ナカ」で買われている商品を調べたものである。これを見ると、圧倒的に多いのがケーキ・菓子であり、七割以上の人が購入している。とくに、女性客の場合は八割以上、男性客でも六割近くが買っている。次に続くのがパンやソフトドリンクで、全体の五割以上の人が買っている。しかし、売れているのは食品・飲料だけではなく、衣料品の約三五パーセントを筆頭に、雑貨、化粧品、バッグ、アクセサリーなど幅広い商品に及んでいることも分かろう。

ただし、駅ナカでの購買は、移動途中ということもあり、たまたま目に付いた商品を衝動買いすることも多い。この調査では、駅ナカの専門店で衝動買いした商品も尋ねているが、それによると六割以上の人がアクセサリーを衝動買いの対象に挙げていた。

表７－４　１店当たり１日当たりの来店客数（2011年）

単位：人

順位	企　業　名	平均来店客数
1	小田急商事	1,798
2	JR東日本リテールネット	1,689
3	ジェイアールサービスネット岡山	1,683
4	阪急リテールズ	1,575
5	JR東日本九州リテール	1,284
8	セブンイレブン	1,059
9	ファミリーマート	961
11	ローソン	889
12	サークルK&サンクス	818

出所）日経 MJ「第33回コンビニエンスストア調査」より。

表７－５　駅ナカで何を買っているか（2010年12月）

単位：％

商　　品	全体	男性	女性
菓子・ケーキ	72.2	58.7	83.4
パン類	65.6	54.7	74.6
ソフトドリンク	55.0	55.3	54.7
弁当・おにぎり	48.0	46.0	49.7
雑誌・書籍	45.6	56.0	37.0
惣菜	35.6	28.7	41.4
衣料	34.7	26.7	41.4
雑貨・文具	29.9	28.0	31.5
酒類	15.7	20.7	11.6
化粧品	14.8	3.3	24.3
生花	13.9	8.0	18.8
バッグ・アクセサリー	13.0	8.0	17.1
アクセサリー類	11.5	4.7	17.1

注）日本経済新聞社が改札内外の広義の駅ナカの利用動向を首都圏で調査したもの。

出所）日経 MJ、2011年２月９日付より。

このように、駅はいまや大きな「収入増大のチカラ」をもつ場所となっているが、近年、鉄道会社がこの駅ナカの開発に積極的になってきている背景には、鉄道事業の将来に対する不安がある。すなわち、鉄道会社はどこも乗降客が減少傾向にあり、将来の人口減少などをにらむと厳しい状況にある。中長期的に見た場合、鉄道収入以外の収益源を模索する必要が出てきているのである。このようななかで注目されたのが、駅という自前施設がもたらす収益性＝場所のチカラであった。

ところで、「駅ナカ」とは、固定資産税上の鉄道用地にあたる「鉄軌道用地」内であることを指す。改札の内側か外側かは問わない。したがって、駅ビルの商業施設は鉄軌道用地の外であることが多いため、「駅ナカ」とはいわず

アトレ恵比寿（写真提供：東京圏駅ビル開発株式会社）

「駅ソト」と呼ばれることもある。

鉄道会社による「駅ナカ」の商業開発は一九九〇年代から始まったが、それを戦略的に本格化させたのはJR東日本であった。同社は二〇〇〇年になると駅の利便性と快適性の向上、高収益化をめざしたビジョン「ステーションルネサンス」を打ち出した。その一環として、二〇〇二年に子会社の「東京圏駅ビル開発株式会社」が上野駅の構内（改札の外）に飲食店や物販店を五〇店舗あまり集めた駅ビルショッピングセンター「アトレ上野」つくったが、これが鉄道会社による近年の駅ビル開発ブームの先駆けともされる。

アトレは、その後、大森、大井町、品川、上野、亀戸、四谷、目黒、新浦安、恵比寿（写真）などの駅に次々と開発されてきており、その結果、同社が運営する商業施設のテナント数は一〇〇〇店舗を超え、全体の売り上げは一七五三億円（二〇一一年度）に達している。

また、JR東日本は、二〇〇三年九月に「株式会社JR東日本ステーションリテイリング」を設立し、大規模駅の構内に「エキュート（ecute）」[18]と名付けた商業施設も開発している（大宮駅、品川駅、立川駅など）。さらに、「株式会社JR東日本リテールネット」も、一九九〇年代から駅構内にコンビニや書店、衣料品専門店、土産物専門店などの多様な店舗を出してきており、近年

(18)「eki」「center」「universal」「together」「enjoy」の頭文字をつなげたもの。

表7－6　首都圏の主な駅ナカ施設

施設名	エキュート大宮（JR大宮駅）	エキュート品川（JR品川駅）	エチカ表参道（東京メトロ表参道駅）	エキュート立川（JR立川駅）	グランスタ（JR東京駅）	エチカ池袋（東京メトロ池袋駅）
開　業	05年3月	05年10月	05年12月	07年10月	07年10月	09年3月
1日の乗降客数	約23万4,000人	約30万9,000人	約14万5,000人	約15万3,000人	約38万2,000人	約47万6,000人
テナント数	75店	51店	23店	87店	63店	27店
店舗面積（平方メートル）	約2,300	約1,600	約1,300	約4,300	約1,500	約1,300
年間売上高	100億円	73億円	31億円	31億円	56億円	－
1日の購買客数	約3万1,000人	約1万6,000人	約1万人	－	－	－

出所）日経MJ、2007年８月31日を基にデータを一部更新。

Echika 表参道のマルシェ・ドゥ・メトロ（写真提供：㈱メトロプロパティーズ）

はコンビニの「NEWDAYS」で快進撃を続けているのである。

一方、駅ナカ店は地下鉄の構内にも広がってきている。東京メトロ（東京地下鉄株式会社）は、二〇〇三年に「地下鉄の駅を便利に楽しく変える」という意味の『EKIBEN』プロジェクトを立ち上げ、地下鉄駅構内に書店やコンビニチェーンを次々と誘致してきた。また、二〇〇五年には、表参道駅構内（改札外）に二〇～四〇歳代の女性をターゲットにした二七の店舗が入る「Echika（エチカ）表参道[19]」と名付けた商業施設を開発している。

この施設はパリをイメージしたもので、その象徴である「マルシェ・ド・メトロ」は、スイーツ店やベーカリー店をはじめ、ワインを手軽に楽しめるカフェバー、フランス料理やイタリア料理などを楽しめるフードコートを備えており、多くの女性客で賑わっている。同社は二〇〇六年四月に「株式会社メトロプロパティーズ」を設立し、施設事業を一括化して駅ナカ開発体制を強化している。**表7―6**は、これら首都圏の主要な駅ナカ商業集積を整理したものである[20]。

駅ナカ立地の強みは、何と言っても集客力の大きさに伴う売り上げの高さである。ＪＲ東日本の駅ナカ事業で近年とくに注目されているのが、駅のファッションビルである「ルミネ」の存在

---

(19)「Echika（エチカ）」とは「駅」と「地下」を一つにした言葉で、「Excellent（エクセレント）」で「Exciting（エキサイティング）」な地下という意味もある。

図7－5　商業統計に見る駅ナカの販売効率（1㎡当り年間売上）

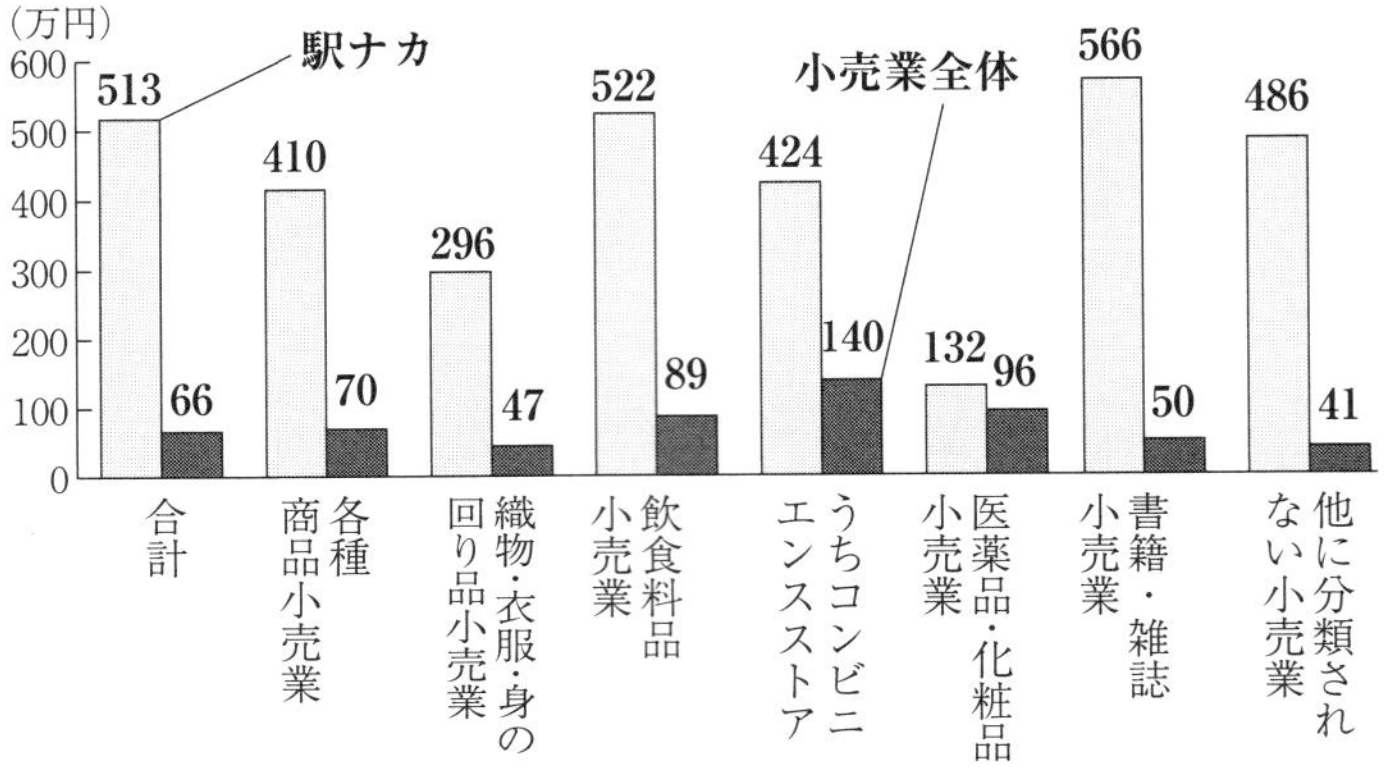

注）商業統計における「駅ナカ」の調査は、平成19年の本調査から「道ナカ」と共に開始された。次回の調査は平成26年の予定。
出所）経済産業省『平成21年版　我が国の商業』（平成19年調査結果）

である。新宿や大宮をはじめとして二〇一二年末現在一六か所で展開しているが、床面積当たりのファションの売上高は都心の百貨店並みともいわれ、その床効率のよさから各アパレルメーカーが競って出店するようになっている。

JR東日本全体の総売上に占める駅ビルのショッピング・オフィス事業はまだ九パーセント程度であるが、営業利益で見ると一八パーセント以上を占めるまでに成長している（二〇一二年三月期の連結決算）。また、**図7—5**のごとく、商業統計を見ても駅の改札内にある店舗の一平方メートルあたりの販売額は、街中に立地する小売業に比べて平均で八倍近い金額を示しており、群を抜いて「収入増大のチカラ」が高いことが分かる。

とはいえ、客単価は小さい。背景には、まず駅ナカの集積は狭いスペースを利用するため、各テナントの店舗面積が小さくなって品揃えの幅が狭くなる（チャンス・ロスが多い）ことがある。また、乗り換えなどの移動途中の短時間購買も多いために、意思決定に時間を要する高額商品の購買や荷物になるような商品の購買が避けられることがある。

ところで、駅ナカで商業開発が進んだもう一つの背景には固定資産税が安いことがあった。駅ナカの定義でもある「鉄軌道用地」は、周辺の土地に対して三分の一で評価されていたためであり、地下鉄の駅にいたっては道路下の部分には固定資産税が課せられないからである。しかし、それでは周辺との不平等が生じるとして、二〇〇七年度課税分からは駅施設の店舗には宅地並みの課税が課せられることとなった。その点では鉄道駅の駅ナカの課税上の旨みはなくなっているが、地下鉄の駅ナカには税の優位性がまだ残っており、その今後が注目される。

---

(20)　ＪＲ東日本の駅ナカビジネスについては、宮本惇夫『躍進する「駅ナカ小売業」』（交通新聞社、二〇〇八年）や鎌田由美子『ecute物語』（かんき出版、二〇〇七年）を参照のこと。なお、駅ナカは全国に広がりつつあり、ＪＲ西日本も二〇〇三年一二月に大阪駅構内を大幅に改装した際に、高級食料品店「いかりスーパー」やレストラン、カフェなどを駅ナカに出店している。また、二〇〇八年二月には京都駅構内にＪＲ京都伊勢丹と組んで「SUVACO」という商業集積を開発している。ここは中央改札の目の前に位置するが、小規模な食品スーパーも備える。このほか、私鉄各社も駅構内に書店やコンビニ、ヘアカット専門店、クイックマッサージ店などを誘致している。

駅が商業集積化する現象は、いわば鉄道会社側の事情から始まったが、結果的には駅周辺の街づくりに大きな影響を及ぼしている。駅ナカのみならず「駅ソト」や「駅チカ」に位置する駅ビルＳＣも巨大化しつつあり、全国のターミナル駅には次々と大型百貨店が入居してきている[21]。それが、都市全体の商業構造を大きく変貌させてきているのである。

また、鉄道会社側も商業施設の開発部門を独立させて強化しつつある。駅が有する「場所のチカラ」は、人口減少や高齢化の進行とともにますます大きくなろう。その意味では、身近な「駅」がこれからの地域商業の核となっていく傾向がいっそう強まっていくことが予想される[22]。

ただし、駅という場所のチカラはどこでも同じとはいかない。駅周辺の街の雰囲気や路線の特徴を強く反映する。つまり、利用客の特性が明確に分かれるという傾向がある。それゆえ、乗降客数の多い少ないが「収入増大のチカラ」にそのまま反映されるわけではない。どのようなテナントを集めるのか、どのようなニーズに応えるのかは駅によって異なるということには注意が必要となろう。

②道ナカ立地

駅ナカとともに流動商圏が発生する場所として近年注目を集めているのが、高速道路のサービスエリア（以下ＳＡ）やパーキングエリア（以下ＰＡ）である。これらは料金所の内側にあるため、駅ナカにならって「道ナカ」と呼ばれる場所である。

ＳＡやＰＡが有する場所のチカラ（収入増大のチカラ）が開発されるようになった背景には、道路公団の民営化があった。

以前からさまざまな利権の巣窟や非効率の象徴として批判されてきた道路公団は、紆余曲折の議論を経て二〇〇五年一〇月、「東日本高速道路（NEXCO東日本）」と「中日本高速道路（NEXCO中日本）」および「西日本高速道路（NEXCO西日本）」の三社に分割され民営化された。民営化後の各社は経営効率化が至上命題となったが、とくに重視されたのが料金収入外の収入増大で、その方策としてＳＡとＰＡの再開発に光が当てられたのである。

本格的な道ナカ開発の最初は、NEXCO東日本の子会社「ネクセリア東日本」[23]が二〇〇八年に

---

(21)　ＪＲの札幌駅と東京駅には大丸、名古屋駅には高島屋、京都駅には伊勢丹、大阪駅には大丸と三越伊勢丹（二〇一一年開業）、博多駅には阪急（二〇一一年開業）といった状況である。

(22)　駅ナカと同様に注目されている「場所」に高速道路のサービスエリアがある。サービスエリアはもともとは「道路区域」とされ、その利用に際しては占有許可条件をクリアする必要があったが、民営化後の二〇〇五年一〇月からに道路区域外になったことで商業利用が活発となってきた。最近は、ＳＣのノウハウを取り込んでテナントミクスやテナントの入れ替えを行うところも増えつつある。

(23)　この会社は、NEXCO東日本が有する三〇九か所のＳＡとＰＡのうち、有人の施設一八七か所を管理運営する一〇〇パーセント子会社である。

京葉道路の幕張ＰＡをリニューアルして開設した「Passr《パサール》幕張」(24)であった。この施設は小型のショッピングセンターのように設計されており、東京に向かう上り線の建物には、中央に円形のフードコートが設けられているほか、ベーカリーショップ、コンビニ、ファーストフード、リラクゼーションのショップなど九店舗が入っている。また、土産品コーナーには落花生などの千葉県の特産品が並べられ、千葉ロッテマリーンズのオフィシャルグッズコーナーも設けられた。

他方、千葉に向かう下り線の建物（写真参照）には、フードコートに隣接して地元野菜を使ったビュッフェレストランがあり、土産物コーナーには東京名物の商品が集められている。高速道路会社が、お役所仕事を脱して商業ディベロッパー的発想で開発した最初の本格的施設であった。

道ナカの出発点となったPasar幕張（写真提供：ネクセリア東日本株式会社）

このような既存ＳＡ・ＰＡのリニューアルは、**表７―７**が示すごとく他の高速道路会社も次々と進めてきているが、近年はユニークな施設も増えつつある。たとえば、関越自動車道の「寄居・星の王子さまＰＡ」や東北自動車道の「羽生・江戸村ＰＡ」などのようにテーマパーク化されたものや、東名高速の海老名ＰＡのように人気セレクトショップの「ユナイテッドアローズ」や高級スーパー「成城石井」が入居する施設、新東名高速の浜松ＳＡのように愛犬と楽しめるドッグランやドッグカフェを備えた施設も登場している。

なかでも、NEXCO中日本が東名高速道の海老名ＳＡに開発したEXPASA（エクスパーサ）は、工費一二億円をかけた二八店舗が入る全国最大の道ナカ商業施設となっている。年商七〇億円をめざすこの施設は、すでにサービスエリアの施設を越えたものといえよう。さらに、NEOPASA（ネオパーサー）シリーズのなかには、「駿河湾沼津ＳＡ」のように南欧風のしゃれた外観のものもある（二七三ページの写真参照）。

このような施設が大型化する背景には、一般道からの利用が可能となっていることもある。(25) つまり、高速道路の利用客だけではなく、より広い流動商圏を視野に入れているのである。

---

(24)「Passr《パサール》」とは、パーキングエリアの「ＰＡ」とサービスエリアの「ＳＡ」、およびリラクゼーションの頭文字「Ｒ」を組み合わせてつくったものである。マレーシアやインドネシアでは「市場」を意味する言葉であり、スペイン語では「立ち寄る」という意味の言葉でもある。

表7－7　主な道ナカ商業施設（2013年1月現在）

	路線	場　所	施設名（業態）	開業	面積	特　徴
東日本高速道路	京葉道	幕張PA 上り	Pasar幕張	2008	2,000	中央にプラザ
	京葉道	幕張PA 下り	Pasar幕張	2008	2,000	公園通りの街並み
	東北道	菅生PA上り	ドラマチックエリア菅生	2008	737	食材王国みやぎ
	東北道	羽生PA下り	Pasar羽生	2009	2,000	和風モダン
	上信越道	横川SA上り	ドラマチックエリア横川	2009	1,133	信越本線横川駅を再現
	関越道	赤城高原SA下り	ドラマチックエリア赤城高原	2009	983	旬彩の高原市場
	関越道	三芳PA上り	Pasar三芳	2010	3,400	自然との調和
	常磐道	友部SA上り	ドラマチックエリア友部	2010	1,900	武家屋敷と蔵をイメージ
	常磐道	友部SA下り	ドラマチックエリア友部	2010	2,000	武家屋敷と蔵をイメージ
	北関東道	笠間PA上下	KASAMA TERRACE	2010	840	（トイレと一体型テラスタイプ）
	関越道	寄居PA上り	寄居　星の王子さまPA	2010	469	星の王子さまの世界観
	上信越道	横川SA下り	ドラマチックエリア横川	2011	1,300	欧風スタイルと洋庭園
	東北道	那須高原SA下り	ドラマチックエリア那須高原	2011	1,402	那須の旬を演出
	東北道	那須高原SA上り	ドラマチックエリア那須高原	2012	1,395	高原のリゾート
	東北道	菅生PA下り	ドラマチックエリア菅生	2012	717	伝統と現代の融合
	館山道	市原PA上り	ドラマチックエリア市原	2012	1,409	房総の市場
	東北道	羽生PA上り	未定	2013	1,000	江戸の町並みを再現（予定）
中日本高速道路	東名阪道	御在所SA下り	EXPASA御在所	2010	2,000	神社建築をモチーフ
	東名阪道	御在所SA上り	EXPASA御在所	2010	2,000	伊勢神宮正殿をイメージ
	東名高速	足柄SA上り	EXPASA足柄	2010	5,300	宿泊・入浴施設を完備
	東名高速	足柄SA下り	EXPASA足柄	2010	7,500	ドッグランや入浴施設
	名神高速	多賀SA下り	EXPASA多賀	2010	3,700	多賀大社や鳥居をイメージ
	中央道	談合坂SA下り	EXPASA談合坂	2011	4,100	都心からの旅の入口
	東名高速	海老名SA上り	EXPASA海老名	2011	3,841	都会的な建物、28店舗
	新東名	駿河湾沼津SA上り	NEOPASA駿河湾沼津	2012	4,600	地中海の港町リゾート風
	新東名	駿河湾沼津SA下り	NEOPASA駿河湾沼津	2012	3,600	眼下に広がる海とリゾート
	新東名	清水SA上下	NEOPASA清水	2012	3,000	ガレージをイメージ
	新東名	静岡SA上り	NEOPASA静岡	2012	3,200	エコ型施設
	新東名	静岡SA下り	NEOPASA静岡	2012	3,300	静岡市木のハナミズキ色
	新東名	浜松SA上り	NEOPASA浜松	2012	3,400	楽器の街・ピアノをモチーフ
	新東名	浜松SA下り	NEOPASA浜松	2012	3,400	楽器の街・ピアノをモチーフ

注1）開業年はグランドオープンの年。面積は㎡。

注2）西日本高速道路は、現時点ではSAやPAに商業施設を開発することは行っていないが、既存の施設のリニューアルやイベントなどに注力している。

出所）各社への問い合わせおよびHP・プレリリースなどにより筆者作成。

小売業や外食業の側にも、このような道ナカが有する場所のチカラを積極的に活用しようという動きが広がりつつあり、二〇一二年に開通した新東名高速道のＳＡ七か所に開設された商業施設には、高速のＳＡに初出店という小売・飲食業が計六七店も入った。今後は、ますます多くの企業が道ナカを新たな成長拠点としていくことであろう。

③空ナカ立地

羽田空港のターミナルビルを管理・運営する「日本空港ビルデング（株）」は、羽田空港のみならず成田空港や関西空港で、商業店

(25)　出入り口が高速構内とは別になっているが、一般道からの利用客向けの駐車場はもちろん、自転車で来店する客向けの駐輪場まで整備されている。

南欧リゾートをイメージしたNEOPASA駿河湾沼津
（写真提供：中日本高速道路株式会社）

舗（物販店、飲食店、免税店）の賃貸や運営を行っている。この企業の本来の事業は、言うまでもなく空港ビルの管理運営であったが、いまやそれは昔の姿である。

二〇一二年上期（四〜九月）の営業収益を見ると、土産物（ブランド品含む）などの物品販売からの収益が五六・七パーセント（約四〇九億円）を占め、レストランなどの飲食業（機内食業含む）からの収益一一・九パーセント（約八六億円）と合わせると、全体の七割近くに達している（同社の決算資料より）。この点では、この企業はショッピングセンターの運営会社と変わらないといっても過言ではなかろう。これが、現在の空港ビルの実態なのである。

実際、成田空港の商業部門の売上高は、全国のショッピングセンターの売り上げと比較しても二〇〇八年から二〇一〇年度まではトップであり、二〇一一年度は東日本大震災の影響で外国人観光客が減少したために低下したが、それでも成田空港は全国三位という高さである(26)。また、関西空港の売上高も、関西エリアの主要ショッピングセンターと肩を並べる売上高を記録している。つまり、空港ビルは、いまや日本を代表する大型ショッピングセンターだといえる。

表7―8は、主要な空港ビル内の商業施設の状況を見たものである。これを見ると、成田には二五〇、羽田には三〇〇弱、関西にも二三六もの店舗があることが分かる。中部も一つのターミナルビルとしては最大規模の店舗数を誇っている。これらの店舗数は、大規模ショッピングセンターと同等のものである。

表７－８　主要空港ビル内の商業施設状況

空港	ターミナル	物販・サービス	飲食	免税コーナー	免税ブランド店	計
成田空港	第１ターミナル	67	45	9	13	134
	第２ターミナル	64	31	9	12	116
羽田空港	第１ターミナル	60	55	－	－	115
	第２ターミナル	48	62	－	－	110
	国際ターミナル	28	26	4	15	73
関西空港	第１ターミナル	52	48	11	14	125
	第２ターミナル	5	4	2	0	11
中部空港	セントレア	82	83	2	7	174

注１）羽田空港の第１・第２ターミナルは国内専用。関西空港の第２ターミナルはLCC専用。

注２）免税コーナーとは１つの店舗内に酒・タバコ・化粧品・香水・ファッション・アクセサリーなど多数のブランドのコーナーが集積している店舗をさし（規模はまちまち）、免税ブランド店は単独ブランドの独立店舗をさす。

注３）物販と飲食は国際線規制エリア内含む。

出所）各種資料を基に筆者作成。

空港ビル内のブランド店舗（関西空港内）

図７－６　外国人訪日客の1人あたり物品購入費（各年7月～9月期調査）

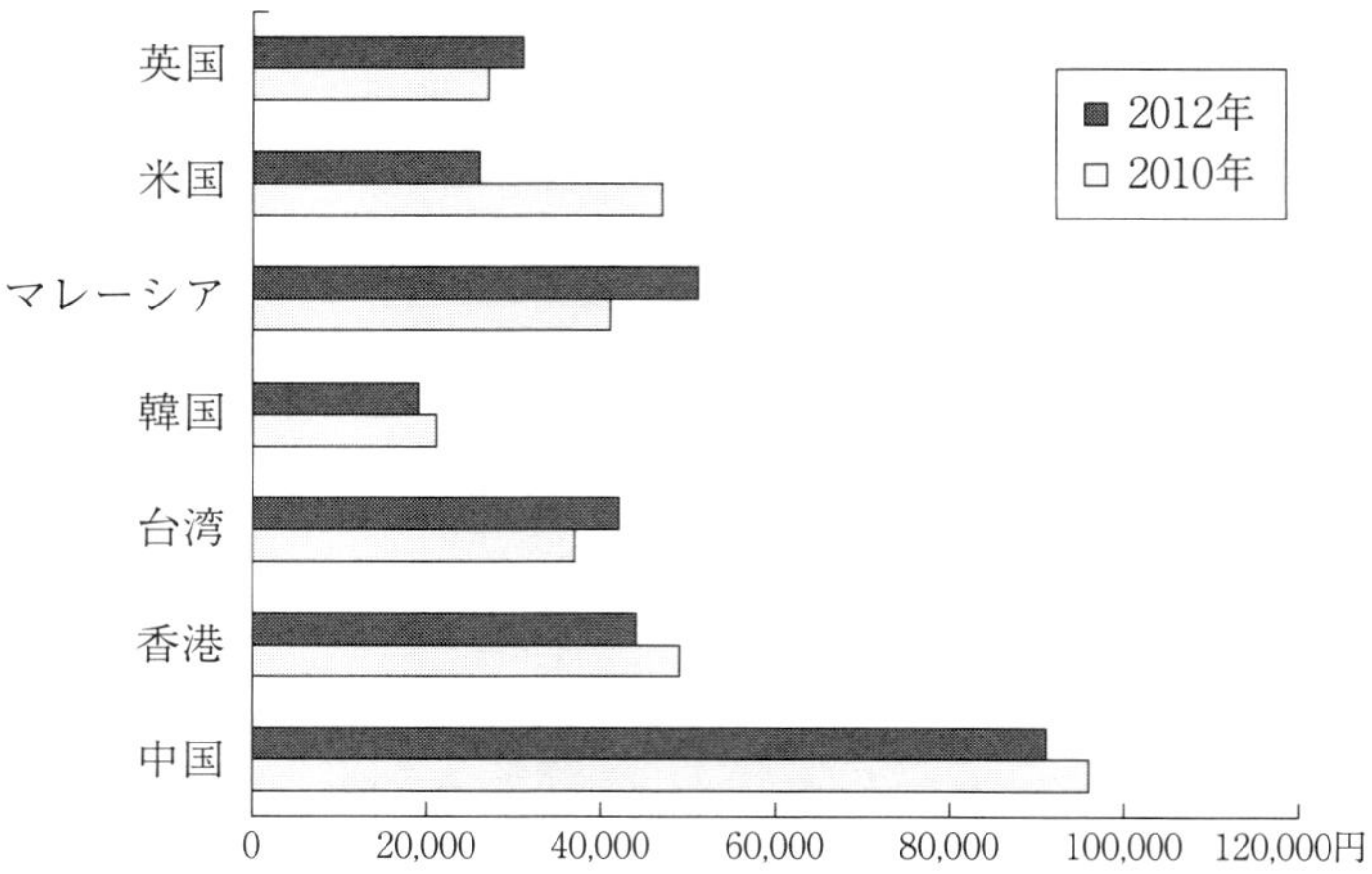

出所）JNTO「訪日外国人消費動向調査」より筆者作成。

このような空港の売り上げを支えているのは、海外からの旅行客、とくに中国人観光客だとされる。日本を訪れる中国人ツアー客は、成田から入国し東京→富士山→京都→大阪と周遊し、最後に関西空港で土産物を買って帰途に就くというパターンが非常に多い。いわゆる、「ゴールデンルート」と呼ばれるコースである。

中国人の買い物支出額（物品購入費）は、**図7―6**に見るように、他の地域からの観光客と比して断トツの多さを示している。つまり、この中国人ツアー客の需要を吸収できる場所のチカラが、最後の立ち寄り地である空港のターミナルビルに発生しているのである。

中国人ツアー客が買い求めるものは、欧米のブランド品も多いが、関西空港の免税エリアでの隠れた売れ筋は、一位が炊飯ジャー、二位がミルク、三位が紙おむつとされる[27]。これらは、品質や安全性の面で中国人旅行者に高く評価されているからである。それだけに、二〇一一年三月一一日の東日本大震災や、二〇一二年秋の尖閣問題による中国人団体ツアーの激減は、空港ビルの商業施設に大きなダメージを与えた。

とはいえ、このような空港ビルの大きな場所のチカラに着目し、積極的に出店を行う企業も増えている。セレクトショップの「ユナイテッドアローズ」もその一つであり、空港店専用のストアブランド「THE AIRPORT STORE UNITED ARROWS LTD.《ジ・エアポート・ストア・ユナイテッドアローズ》」を立ち上げて、海外旅行客向けの商品を揃え、成田、羽田、関西の各空港内に出店している[28]。

このほかにも、多くの専門店や飲食店が空港ビル内をめざす動きが見られる。今後も航空旅客は増大の一途をたどると見られていることから、空港を要とする流動商圏はますます拡大し、それとともに空港での場所のチカラの開発がいっそう深化していくことと思われる[29]。

---

(26) 繊研新聞社が毎年全国のショッピングセンターに行っているアンケート調査結果。
(27) 「関西国際空港の挑戦」東洋経済オンライン、二〇一〇年八月二〇日付。
(28) 成田と羽田には二〇一〇年七月に、関西には二〇一一年二月に出店した。
(29) 空港の商業開発については、海外の空港が先行してきた。二〇〇〇年代以降、アジアではシンガポール、香港、ソウル（仁川）、バンコク、上海などの主要空港で、空港の新・改築とともに商業施設が拡充されてきた。それは、欧米や中東の空港も同様である。

改訂版へのあとがき

本書は、「場所のチカラ」が企業の成長力に与える影響の大きさを説いたものである。マイケル・ポーターの指摘を待つまでもなく、企業の成長力（競争力や革新力）はマネジメントのやり方だけで決まるものではなく、その企業が立地する場所が備える、いわば場所のチカラによって規定される面も大きい。とはいえ、これまでは場所のチカラといえば、古典的な立地論が指摘してきた費用節減や収入増大といった効果をもたらすチカラに目が向けられるにとどまってきた。

それに対して本書は、「付加価値増大」という効果をもたらす第三のチカラの存在に目を向けている。そして、「費用」「収入」「付加価値」に絡む三つのチカラが現代の企業立地を動かすだけでなく、企業の成長力そのものを支えていると考えたのである。したがって、場所のチカラを正しく認識し、それをどのように活用するのかを考えることが、企業にとってきわめて重要になるというのが本書の主張である。

ただし、場所のチカラの認識と活用は、場所の「選択」という問題にとどまらない。場所のチカラへの「適応化」や場所のチカラの「創造」といった視点からもとらえねばならないのである。

その意味では、場所の問題は奥が深いといえる。

さらに、この場所のチカラの活用というテーマは、企業のみならず地域の成長戦略にとっても重要な問題となる。とくに、地域の経済成長（活性化、街づくり）は企業立地の問題と関係が深いからである。企業にとって魅力的な場所のチカラを、地域の側が創造・開発していくということは、すなわち「企業に付加価値を与える場所になる」ことを意味する。これまでは、補助金を出して企業の費用節減に貢献することが企業誘致のカギだとされてきたが、「付加価値増大のチカラ」を高めれば、無理な誘致をしなくても企業（施設）は集まってくるからである。つまり、地域の付加価値を、地域の人々と企業がともに創造していくことが大切なのである。もちろん、その場合は、まずは地域の成長戦略（将来ビジョン）が示され、それに従ってどのような企業（施設）にとっての付加価値をどのように高めるのかが検討されねばならない。

さて、本書は二〇〇八年末に初版が刊行されて以来、不動産ディベロッパー、小売・外食の出店担当者、行政やまちづくり関係者、コンサルタント、そして立地問題や地域経済を学ぶ大学生など多様な方々に読んでいただくことができ版を重ねてきた。何より、本書で提起した「場所の付加価値」「場所のチカラ」「立地創造」という視点や考え方、あるいは立地を単に「儲かる場所探し」として理解するのではなく、「戦略的な成長拠点」としてとらえるという見方などが、学生も含めた多くの人々に好意的に受け入れられたことも幸いであった。さらに、二〇〇九年には期せずして本書に対して人文地理学会賞（一般図書部門）が与えられたことも望外の喜びであった。

刊行から四年を経たが、この間、本書で解説した多くの立地現象や立地問題が、現実社会で注目を浴びた。たとえば、二〇一一年の東日本大震災やタイの大洪水、あるいは二〇一二年秋に生じた中国での反日暴動などにより、第1章で取り上げたリスク回避の「立地戦略」や「チャイナ・プラス・ワン」戦略が社会的にクローズアップされた。同じく、第1章で注目した大都市の裏通りでの立地創造（裏原宿など）は、その後もさまざまな街で進行しつつある。

また、小売業では第1章や第4章で解説したコンビニの出店競争が激しさを増し、第6章で着目した小型店戦略も進展した。そして、第7章で焦点をあてた二毛作店は近年ではかなり多様な業態が採用するようになっており、「駅ナカ」立地はその後「道ナカ」や「空ナカ」に発展していった。さらには、パネルベイの稼働（二〇〇九年春）とその後の日本のテレビ産業の凋落、そして空中権の売却益で行われた東京駅の復元工事の完了（二〇一二年秋）で駅舎が新たな観光スポットとなったことなども話題となった。

とはいえ、この間の社会情勢や企業行動の変化のなかで、補足や修正が必要な部分も多く出てきた。そこで、全体の枠組みや視点はそのままに、新しい動向を書き加え、数字や写真を最新のものに差し替えてより今日的な内容に改めることにした。今回の改訂で大きく変化した部分は以下の通りである。

●第1章の立地創造のケースとして、神戸の「栄町」と大阪の「中崎町」を大幅追記。
●第3章の集中化リスクのケースを中越沖地震から東日本大地震とタイの洪水問題に改め、「チャイナ・プラス・ワン」の節に中国の反日暴動を追記。また、小型店戦略の部分を補足し、フードデザート問題のコラムを新設。
●第7章のパネルベイのその後を追記し、駅ナカの更新に加えて道ナカと空ナカの動向を追記。

末筆になったが、本書の刊行に際しては、非常に多くの関係者の方々にインタビューや資料・写真提供などでご協力をいただいた。お名前を列挙することは省かせていただくが、心から感謝を申し上げたい。また、本書の刊行を快く受けていただき、写真探しなどでもお手を煩わせた株式会社新評論の武市一幸社長にも御礼を申し上げる。

今後も、本書が立地問題に取り組む人々に新しい視点をもたらし続けることを願ってやまない。

二〇一三年一月

川端　基夫

参考文献一覧

序章

・Porter, M. E.,(1990), *The Competitive Advantage of Nations*, Macmilan（土岐坤ほか訳『国の競争優位』（上・下）ダイヤモンド社、一九九二年）
・Porter, M. E., (1998), *On Competition*, Harvard Business School Press（竹内弘高訳『競争戦略論』（Ⅰ）（Ⅱ）、ダイヤモンド社、一九九九年）
・Thüen, J. H., (1826),（『農業国と国民経済に関する孤立国（略称「孤立国」）』一九七四年）
・荒井　久（二〇〇〇）『ビットバレーの鼓動』日経ＢＰ企画
・春日茂男（一九八二）『立地の理論（上巻）』大明堂
・富田和暁（二〇〇六）『地域と産業』原書房
・松原宏編（二〇〇二）『立地論入門』古今書院
・湯川　抗（二〇〇二）「東京のネット企業クラスター――ビットバレーを再考する」（山﨑朗編『クラスター戦略』有斐閣選書、第七章）

第１章

・田村正紀（二〇〇八）『立地創造――イノベータ行動と商業中心地の興亡』白桃書房

・米花稔（一九四九）『経営位置の研究』巌松堂
・米花稔（一九五八）『経営立地』日本経済新聞社
・米花稔（一九六一）『経営立地政策』評論社

第2章

・Alonso W., (1964), Location Theory, in John Friedmann and Wiliam Alonso(ed), *Regional Development and Planning*: A Reader,The M.I.T.Press
d' Aspremont, C., Gabszewicz, J. J. and Thisse, J-F., (1979), On Hotelling's 'Stability in Competition', *Econometrica*, Vol.47, pp.1145-1150
・Hotelling H. H., (1929), Stability in Competition, *The Economic Journal*, Vol.39, No.153,pp.41-75（田渕隆俊訳「競争の安定性」下総薫監訳『都市解析論文選集』所収、古今書院、一九八七年）
・Neumann J., and Morgerstern O., (1944), *Theory of Games and Economics Behavior*, Princeton University Press（銀林浩、橋本和美、宮本敏雄監訳『ゲームの理論と経済行動』一～五巻、東京図書、一九七二～一九七三年）
・岡部篤行・鈴木敦夫（一九九二）『最適配置の数理』（シリーズ現代人の数理3）朝倉書店

第3章

・Huff D. L., (1963), A Probabilistic Analysis ob Shopping Center Trading Areas, *Land Economics*, 39, pp.81-90
・石原武政（二〇〇六）『小売業の外部性とまちづくり』有斐閣

・岩間信之編（二〇一一）『フードデザート問題――無縁社会が生む「食の砂漠」』農林統計協会

第4章

・Christaller W., (1933), *Die Zentralen Orte in Südeutschland*, Gustav Fischer（江沢譲爾訳、大明堂、一九六九年）
・Hall, P., (1966) The *World Cities*. London, Weidenfeld and Nicolson.
・Weber A., (1909) *Reine Theorie des Standorts*, Tubingen, J. C. B. Mohr（篠原泰三訳『工業立地論』（第2版の訳）大明堂、一九八六年）
・阿部和俊・山﨑朗（二〇〇四）『変貌する日本のすがた――地域構造と地域政策』古今書院
・川端基夫（二〇〇〇）『小売業の海外進出と戦略――国際立地の理論と実態』新評論
・近藤章夫（二〇〇七）『立地戦略と空間的分業』古今書院
・鈴木洋太郎（一九九四）『多国籍企業の立地と世界経済』大明堂
・鈴木洋太郎・櫻井靖久・佐藤彰彦（二〇〇五）『多国籍企業の立地論』原書房
・松原　宏（二〇〇六）『経済地理学――立地・地域・都市の理論』東京大学出版会
・松原　宏編（二〇〇九）『立地調整の経済地理学』原書房
・森　亮次（二〇〇八）「コンビニエンス・ストアのドミナント戦略の再考――セブンイレブンの場合」『経営学論集（学生論集）』（龍谷大学）四七号
・山本健兒（二〇〇五）『経済地理学入門』原書房
・*Chain Store Age*,2008.1.1

第5章

・Camagni R. (1991), Local ‘milieu’, Uncertainly and Innovation Networks: Towards a New Dynamic Theory of Economic Space, Camagni(ed.), *Innvation Networks: Spatial Perspecyives*, Belhaven Press
・Florida R.,(1995), Towards the Learning Region, *Futures*, Vol.27, No.5
・Fujita M., Krugman, P. and Venables A. J., (1999), *The Spatial Economy: City, Regions and International Trade,* M.I.T. Press（小出博之訳『空間経済学』東洋経済新報社、二〇〇〇年）
・Keeble D. and Wilkinson F., (1999), Collective Learning and Knowledge Development in the Evolution of Regional Clusters of High Technology SMEs in Europe, *Regional Studies*, Vol.33, No.4
・Marshall A.,(1890),*Principle of Economics*, Porcupine Press,. Philadelphia（馬場啓之助訳『経済学原理』全四冊、東洋経済新報社、一九六七年）
・Nonaka I., Takeuchi H., (1995), The Knowredge-Creating Company: How Japanese Companies Create the Dynamics of Innovation, Oxford University Press,（梅本勝博訳『知識創造企業』東洋経済新報社、一九九六年）
・Piore M. J., Sabel C. F., (1984), *The Second Industrial Divide: Possibilities for Prosperity*. New York: Basic Books,（山之内靖ほか訳『第二の産業分水嶺』筑摩書房、一九九三年）
・Polanyi M., (1966), *The tacit dimension*, Routledge, London,（佐藤敬三訳『暗黙知の次元―言語から非言語へ』紀伊国屋書店、一九八〇年）
・川端基夫（二〇〇六）『アジア市場のコンテキスト――受容のしくみと地域暗黙知【東アジア編】』新評論
・小長谷一之・富沢木実共編（一九九九）『マルチメディアの都市戦略――シリコンバレーとマルチメディア

ガルチ』東洋経済新報社
・友澤和夫（二〇〇〇）「生産システムから学習システムへ――一九九〇年代の欧米における工業地理学の研究動向」『経済地理学年報』46―4、三二三〜三三六ページ
・友澤和夫（二〇〇二）「学習・地域とクラスター」（山﨑朗編『クラスター戦略』第2章、有斐閣選書）
・山本健兒（二〇〇五）『産業集積の経済地理学』法政大学出版会

第6章

・小宮一高（二〇〇七）「商業集積マネジメントにおける「仕掛けづくり」の考察―香川県の商店街を事例として―」『流通研究』10巻1／2号、一三一〜一四七ページ
・（財）中小企業総合研究機構（二〇〇〇）『米国の市街地再活性化と小売商業』同友館
・原田英生（一九九九）『ポスト大店法時代のまちづくり―アメリカに学ぶタウン・マネージメント』日本経済新聞社
・日経産業消費研究所編（二〇〇三）『日本のタウンマネジメント――街づくり機関・ＴＭＯの活動調査』

第7章

・宇井義行（二〇〇六）『絶対成功する飲食店　居抜き店舗経営の教科書』インデックスコミュニケーションズ
・鎌田由美子ほか（二〇〇七）『ecute 物語――私たちのエキナカプロジェクト』かんき出版
・宮本惇夫（二〇〇八）『躍進する「駅ナカ」小売業』交通新聞社

著者紹介

川端　基夫（かわばた・もとお）

1956年、滋賀県生まれ。
大阪市立大学大学院文学研究科地理学専攻課程（経済地理学）修了
博士（経済学）[大阪市立大学]
関西学院大学商学部教授

著書　『アジア市場を拓く』（新評論、2011年、第24回アジア・太平洋賞）
『日本企業の国際フランチャイジング』（新評論、2010年、日本商業学会賞）
『アジア市場のコンテキスト【東アジア編】』（新評論、2006年）
『アジア市場のコンテキスト【東南アジア編】』（新評論、2005年）
『小売業の海外進出と戦略』（新評論、2000年、日本商業学会賞）
『アジア市場幻想論』（新評論、1999年）
『日本の流通と都市空間』（共著、古今書院、2004年）
『アジア発グローバル小売競争』（共著、日本経済新聞社、2001年）
『経済地理学を学ぶ人のために』（共著、世界思想社、2000年）
など。

立地ウォーズ
――企業・地域の成長戦略と「場所のチカラ」――　　（検印廃止）

2008年12月10日　初版第1刷発行
2012年3月10日　初版第4刷発行
2013年3月10日　改訂版第1刷発行

著　者　川端基夫

発行者　武市一幸

発行所　株式会社　新評論

〒169-0051 東京都新宿区西早稲田3-16-28
電話　03(3202)7391
振替・00160-1-113487

落丁・乱丁はお取り替えします。
定価はカバーに表示してあります。
http://www.shinhyoron.co.jp

印刷　フォレスト
製本　清水製本所
装幀　山田英春
写真　川端基夫
（但し書きのあるものは除く）

Printed in Japan
ISBN978-4-7948-0933-9

好評既刊

川端基夫の本

アジア市場を拓く　◎第24回アジア・太平洋賞特別賞受賞

小売国際化の100年と市場グローバル化

日本小売業の100年にわたる海外進出史を通じて,「アジア市場の真実」と「市場との正しい向き合い方」を探る。

[A5上製　344頁　2940円　ISBN4-7948-0884-4]

日本企業の国際フランチャイジング

新興市場戦略としての可能性と課題

少子高齢化・人口減少の中で急増する企業の海外市場開拓。グローバル時代の商法を初めて理論的・実証的に解明。

[A5上製　276頁　2625円　ISBN978-4-7948-0831-8]

アジア市場のコンテキスト[東南アジア編]

グローバリゼーションの現場から

企業のグローバル化と対峙して多様な攻防をくりひろげる,アジアのローカル市場のダイナミズムを追う。

[四六上製　268頁　2310円　ISBN4-7948-0677-9]

アジア市場のコンテキスト[東アジア編]

受容のしくみと地域暗黙知

中国，韓国，台湾の消費市場のダイナミズムを現場の視点で解読し，グローバル化の真実を明らかにする。

[四六上製　312頁　2625円　ISBN4-7948-0697-3]

小売業の海外進出と戦略

国際立地の理論と実態

「アジア進出」を国際市場の文脈で捉える先駆的研究。50社以上，延べ100人の実務家からのヒアリングに基づく。

[A5上製　340頁　3990円　ISBN4-7948-0502-0]

＊表示価格はすべて消費税込みの定価です